U0614365

励志读物·名人传记

牛顿传

英国"百科书式"的物理学家

成长关键词 ➜ 求知、严谨、博学

郑 虹◎编著

成都地图出版社

图书在版编目（CIP）数据

牛顿传 / 郑虹编著. -- 成都：成都地图出版社，
2018.4 （2022.4重印）
ISBN 978-7-5557-0867-4

Ⅰ.①牛… Ⅱ.①郑… Ⅲ.①牛顿(Newton, Issac
1642-1727)—传记—青少年读物 Ⅳ.①K835.616.11-49

中国版本图书馆CIP数据核字(2018)第051892号

牛顿传

NIUDUN ZHUAN

责任编辑：魏小奎
封面设计：吕宜昌

出版发行：成都地图出版社
地　　址：成都市龙泉驿区建设路2号
邮政编码：610100

印　　刷：唐山富达印务有限公司
（如发现印装质量问题，影响阅读，请与印刷厂商联系调换）

开　　本：710mm×1000mm　　1/16
印　　张：8　　　　　　　字　　数：120千字
版　　次：2018年4月第1版
印　　次：2022年4月第4次印刷
书　　号：ISBN 978-7-5557-0867-4
定　　价：39.80元

I 导读 >>>>>>
Introduction

Newton
牛顿

　　艾萨克·牛顿（Isaac Newton），1643年1月4日生于英格兰林肯郡格兰瑟姆附近的沃尔索普村。他是英国伟大的数学家、物理学家、天文学家和自然哲学家，其研究领域包括了物理学、数学、天文学、神学、自然哲学和炼金术。他被誉为"人类历史上最伟大、最有影响力的科学家"。现今物理学上衡量力的大小的单位"牛顿"，就是后人为了纪念他在经典力学方面的杰出成就，特意以他的名字命名的。

　　牛顿的一生是极其耀眼和硕果累累的。1661年，他18岁，进入英国剑桥大学三一学院，1665年获得学士学位。随后两年，他在家乡躲避鼠疫，在此期间制定了一生中大多数重要科学创造的蓝图。1667年，牛顿回剑桥后当选为剑桥大学三一学院院委，次年获硕士学位。1669年，牛顿任剑桥大学卢卡斯数学教授席位直到1701年。1696年，牛顿任皇家造币厂监督，并移居伦敦。1703年，牛顿任英国皇家学会会长。1705年，牛顿被英国女王安娜封为爵士。

　　在牛顿的生命历程中，有许多值得我们学习的动人事迹。在善于动脑思考和努力勤奋方面，他堪称我们学习的楷模。1666 年前后，假期里，牛顿像以往那样坐在常常去的花园中，一个苹果从树上掉了下来。这件对于我们来说再熟悉和平常不过的事情，却引起了他的沉思：究竟是什么原因使一切物体都受到差不多总是朝向地心的吸引呢？牛顿思索着和研究着，并最终发现了对人类具有划时代意义的万有引力。他 16 岁时数学基础很差，但是他从没忘记努力学习，他从基础知识、基本公式重新学起，扎扎实实、不懈努力，为自己日后取得的数学成就打下了深厚的基础。他 22 岁时创建了微分学，23 岁时创建了积分学，为人类数学事业做出了巨大贡献。

也正是由于他的聪明才智、勤奋思索，才取得了一系列超越前人的伟大成就。在数学上，由他创建的微积分、方程论、变分法和二项式定理的证明，使得数学界许多令人束手无策的难题得以迎刃而解，也最终改变了我们数学学习的方法。在力学上，牛顿对万有引力和三大运动定律进行的描述奠定了此后三个世纪里物理世界的科学观点，并成为现代工程学的基础。他通过论证开普勒行星运动定律与他的引力理论间的一致性，证明了地面物体与天体的运动都遵循着相同的自然定律，从而消除了对太阳中心说的最后一丝疑虑，并推动了天文学的科学革命。在光学上，他发明了反射式望远镜，并基于对三棱镜将白光发散成可见光谱的观察，发展出了颜色的理论。他还系统地表述了冷却定律，并研究了音速。

1727 年 3 月 31 日，这位做出过如此之多伟大贡献的科学家在伦敦病逝，永远地离开了我们。可是无论经过多少年，世人都不会将他忘记，他的功绩在任何一个时代都是得到认可的。2005 年，在一场名为"谁是科学史上最有影响力的人"的民意调查中，牛顿被认为比阿尔伯特·爱因斯坦更具影响力。"人类历史上最伟大、最有影响力的科学家"这一无比光荣的称号对于他来说，实至名归。他为世界科学所贡献出的力量，值得各个年代和每个国度的人铭记！

目录 >>>>
Contents

Newton

少年时代

愉快的生活是由愉快的思想造成的。

——［英］牛　顿

▶ 逃离死神

在英国东南部林肯郡格兰瑟姆镇南面，有个叫沃尔索普的小村子。沃尔索普村处于山谷之中，四周山峦起伏，谷底土地肥沃。因为远离都市，这里保留着原始的自然风味。威尔姆河缓缓地从村边流过，沿河望去，到处都是鲜艳的花草、葱郁的树木。透过浓密的树林，可以看见柯斯特沃斯教堂高高的尖顶，那是村里人从事宗教活动的地方。17世纪时，这里只有一座没落贵族留下的小小庄园，几家农户与十几间茅屋。

1643年1月4日夜里，这个偏僻的山谷中，只见一幢农庄窗口透出摇曳的烛光，窗内人影穿梭，显得非常忙碌。凛冽的北风吹得庭院里的树木窸窣作响，屋内凝重的气氛使原该充满欢乐的夜晚，呈现出一幅萧瑟的景象。这时，隐约从农庄里传来断续的呻吟声，使这刺骨的寒夜，显得更加凄凉。凄恻的呻吟声时强时弱，彻夜不断。

不久，天空由惨灰渐渐变为淡蓝，太阳也悄悄升起，温暖的阳光暂时驱散了夜里的萧瑟。在此起彼落的鸡鸣狗吠中，混杂着一阵阵微弱的婴儿啼哭声，不仔细倾听，还真察觉不出呢！

不一会儿，农庄的大门咿呀一声打开了，两个穿着围裙、披着黑色披肩的女人拖着疲惫的脚步，蹒跚地走了出来。她们一边哆嗦地哈着气，一边加快脚步赶路。一路上，身材瘦高的女人直埋怨："真是倒霉，折腾了整个晚上，才把孩子接生出来，现在还得走那么老远的路去拿药，真把人给累死了！"

矮胖的妇人听了，白了她一眼，仍旧默默地赶路。瘦高的女人看胖女人没有什么反应，嘴里又开始嘀咕了起来："还不都是你，叫你不要多管闲事，你偏不听。这下子可好了，婴儿不但早产还生病，天气这么冷，等我们把药拿回来，那个孩子恐怕早就冻死了，我们岂不是白忙乎了一场？"

沉默了许久的胖女人，这时再也忍不住了，便不耐烦地说："你说够了吗？你难道连一点同情心也没有吗？你想想看，孩子那么瘦弱，还没出生父亲就死了，现在又全身痉挛，真是可怜！别再抱怨了，还是赶快把药拿回来要紧，否则那孩子恐怕没救了！"

被矮胖的农妇这么一说，瘦高的女人也自觉理亏。于是，她低着头默默地加快脚步，朝北威尔姆村走去。

而农庄里这个刚出生的小婴儿因为痉挛的关系，呼吸越来越急促，并且啼哭不停。婴儿的母亲汉娜又心疼又着急，望着怀中这个瘦弱的小生命，想起刚刚去世的丈夫，不禁悲伤地流下泪来。邻妇依莎

牛顿的出生地——沃尔索普庄园

看到这个情形，不禁一阵心酸，便安慰她说："汉娜，别难过了，上帝一定会保佑这个孩子的。"

"不过，依莎，我还是很担心！"汉娜哽咽地说。

"不用担心了，她们一定会及时把药拿回来的。"

依莎嘴里虽说不急，心里却像热锅上的蚂蚁一样焦躁不安。在房间里焦急地走来走去，还不时探头到窗外望一望。

窗外，寒风飕飕地吹着，阳光无力地照着大地。辽阔的原

野，不见任何人影。

躺卧床上的汉娜，此时不禁想起从前和丈夫并肩站在窗前观赏四季景色的时光。"如果这孩子能安然地渡过难关，一定要替他取个和丈夫一样的名字，作为纪念。"汉娜喃喃地告诉自己。她突然产生一股信心，相信这孩子一定能活下来，能和她并肩欣赏风景，听她诉说父亲的事情。

时间毫不留情地溜过，却还不见那两个妇人回来。依莎焦急地嘀咕着，一会儿走到窗口去看个究竟，一会儿又走到火炉旁添加几块木头，一刻也无法静下来。

婴儿的呼吸越来越急促，哭声也越来越微弱。依莎再也耐不住了，连连跑到窗口去张望，忽然她尖声叫道："汉娜，汉娜，她们回来了！"

妇人及时带回来的两帖药，使得这个奄奄一息的婴儿从死神的手中逃脱，侥幸地活了下来。

金黄色的阳光斜照入窗内，轻抚着婴儿细嫩的面颊。汉娜轻吻着婴儿的额头，带着满足的笑容，低声念着：艾萨克·牛顿。

日子悄悄地过了一天又一天，一出生就失去父亲的牛顿，在母亲细心的呵护下，终于安然地度过了多病的童年。汉娜看着日益茁壮的儿子，心中也觉得相当安慰。为了使牛顿生活得更好，汉娜每天像蚂蚁般辛勤地工作，岁月就在血汗与欢笑声中渐渐飞逝而去。

▶ 母亲改嫁

　　牛顿的家族在这个村庄已经居住了几百年之久，并且拥有一个小农场。即便如此，他们每年的收入却还不到 30 英镑，生活非常困苦。牛顿的祖先们只好在山谷间，另寻一块肥沃的土地耕种，以增加收入、贴补生活。

　　关于牛顿的祖先，无人了解，即使牛顿成为伟大的科学家之后，传记作家们往复奔波，但也一无所获。

　　如果说他的长辈中还有什么显赫的人物，那就是他的舅舅威廉·艾斯考夫。他舅舅曾就读于剑桥大学三一学院，颇有远见。

　　1640 年的英国，由于国王与国会之间常发生冲突，国内一直处于风暴中。

　　国王查理一世认为国王的权威是上帝所赐予的，国王只需对上帝负责，不用向人民负责，而宪法与国会都是人民创造的，所以国王不应该受国会或法律的束缚。但是，国会方面为了维护人民的自由和权利，对于查理一世的论调极为反对，从此冲突不断。

　　小牛顿就在这种动荡不安的局势下，一天天地长大。相反地，汉娜却愈渐憔悴，长期的劳累使她原本衰弱的身体更加虚弱。汉娜的哥哥，也就是牛顿的舅舅艾斯考夫眼见她一天天地消瘦，心里十分不忍，频频劝她改嫁。

　　这时，汉娜 35 岁，仍然年轻漂亮。

汉娜家里并不富裕，只有十几亩薄地，母亲年老体弱，不能耕种，哥哥威廉·艾斯考夫做了牧师，也没有时间，所以汉娜几乎要独自承担生活的重负。丈夫的去世使汉娜坚强能干的一面凸显了出来。她聪慧又能吃苦，刚刚生下牛顿不久，她就忙碌起来了。母亲家里的地有时雇人耕种，有时租给别人。而自己家里的几亩地她就得亲自耕种了。除了种地，她还养了不少牛羊。白天她去地里翻耕、播种和锄草，忙完回家，又要给牲口喂食，预备第二天的饲料。她还得时常清洗牛羊圈，挤牛奶、剪羊毛的工作也都是她要做的，而且还要运到集市上卖掉。到了晚上，她就在灯下给牛顿缝制衣服，或是忙着别的事情。

晚上躺下时已经很晚了，早上还得很早地起床，日日如此。虽然汉娜每天都很疲累，但家里家外都操持得井然有序，日子过得也算顺顺当当。她的努力终于没有白费，前景还有所企盼。而且在这种紧张忙碌的日子里，她也能暂时忘却失去丈夫的痛苦。时间与工作，总是痛苦的敌人。

汉娜虽然性情温良，言语不多，但她是个坚强的人。祸不单行曾使她悲哀、痛苦。她甩不掉丈夫艾萨克的影子，在她的眼中到处都是他，空气中、田地里、马路上，她总会不自觉地想到他。物是人非，"桃花依旧笑春风"，而"人面不知何处去"，此情此景总会触痛她的心。然而，她明白自己的责任，她心中仍存有希望，她以她一贯宽厚善良的心态去迎接了此后的各种命运。

三年后的一天，在家里照顾牛顿的外婆正在帮着收拾家务，这时有人走了进来，与老人寒暄之后，提出给汉娜做媒的事，她说邻近牧区的一个老牧师巴巴纳斯·史密斯托她来请求汉娜嫁给他。

老太太又是高兴又是忧虑。她想："女儿再能干，也不能永远一个人支撑一个家啊！况且女儿才 35 岁，还很年轻漂亮，怎能忍心让她守一辈子的寡呢？可是要是汉娜改嫁，祖孙两人的日子难过不说，小牛顿还会在失去父爱的同时失去母爱。"

汉娜从地里回来听说了这件事，马上就坚决地拒绝了，但在母亲的劝说下，她终于意识到自己已经无法硬撑下去了。以前她遇到各种预想中或意想不到的困难都咬紧牙关，她对自己说，"不能垮下去，要坚持到底，一切都会过去，一切都会好起来的"。可是这根绷紧了的神经一旦受到冲击，便更容易断裂。

那天，到了晚上，熄灯躺下时，汉娜睡不着了。各种想法在她的脑子里挥之不去，像是大坝断开，洪水忽然一发不可收拾地涌了进来。她想起了跟丈夫艾萨克一起在田间劳动的美好时光。自己的丈夫在身边，她感到心中有个依靠，劳动起来也没有压力、没有负担，生活得很开心；劳动累了，两个人就坐在树下休息，惬意的阳光使汉娜的心情明媚得像蓝盈盈的天空，艾萨克背靠着树坐着，而汉娜把头轻轻地依偎在艾萨克肩头，那是多么的幸福啊！然而失去了这一切后，回忆越是美好，越是容易伤人。

美好的回忆一刀一刀地割着汉娜的心，她的心在刺痛。她真的需要帮助，她突然感到很无力，像是要掉到深谷里去了，绝望地伸出了手。她醒了，是场梦。她的确想有个依靠，可惜那人已不是艾萨克了。

第二天傍晚，汉娜的哥哥回来了。她正想找哥哥商量，恰巧哥哥也正为此事而来。原来史密斯牧师跟艾斯考夫牧师很熟，史密斯牧师托他劝告汉娜，并答应只要汉娜不带着孩子嫁过去，他愿意把一块有年租金 50 英镑收入的土地作为聘礼。

汉娜的哥哥说："有了这笔收入，再加上家里土地的收入，妈妈和小牛顿就没什么后顾之忧了，你也不用再操劳一家的事，过

这种捉襟见肘的生活了。"

"我听提亲的人说,"沉默了一会儿,汉娜的母亲接着说道,"史密斯牧师是个庄园主,以前的妻子没给他生下一个孩子。"

"是啊!"艾斯考夫牧师说,"他现在年纪越来越大了,就盼着有个孩子,所以他希望汉娜早点嫁过去,汉娜嫁了他,今后就什么都不用愁了。"

"可是,"汉娜说,"我怎么能舍得扔下小艾萨克不管呢?"

"孩子,艾萨克交给我你还不放心吗?我从他一出生就开始带着他,看着他从一个小可怜逐渐长成一个可爱的孩子,我跟他的感情比你跟他还要深呢!别担心,我们什么都用不着你惦记,你要是想孩子,就常回来看看他。"

汉娜所有的顾虑都被打消了,她再也无话可说,眼里含着眼泪,她转过头看着小艾萨克,禁不住一串泪珠洒了下来。

1645年1月,牛顿2岁的时候,母亲和北威尔姆村的巴巴纳斯·史密斯牧师结婚了。

妈妈走了。2岁的小牛顿还不明白这件事的意义。他不明白妈妈要去哪儿,不明白妈妈走的时候为什么要抱着他大哭。在他心目中,妈妈就像平时一样白天出去,晚上就会回来了。所以当妈妈哭的时候,他不懂得也要用哭来回应,只是天真好奇地看着她,他这种天真的目光让妈妈更加伤心了。

然而,令小牛顿失望的是,妈妈晚上没有回来,没有在他睡前温柔地亲一下他的额头。更让他失望的是,他已经好几天见不到妈妈了,外婆也不觉得着急。他心里不安起来,他惦念妈妈了,他想妈妈了。他跟外婆要妈妈,外婆只含泪告诉他要听话,外婆会好好照顾他。可是外婆毕竟是外婆,他也需要妈妈,需要妈妈的呵护啊!于是他任性地吵着要妈妈,他以为用这种方式就能使一切恢复正常。然而，渐渐地，小牛顿发现他的一切小把戏都无济于事，于是他不再吵闹了。他想自己把这件事弄清楚，于是他总喜欢皱着小眉头，安安静静地玩，一边玩一边思考。想很多想也想不明白的事，不知不觉，小小年纪的他常陷入深思，也很少说话。渐渐地，他的表情使他失去了一个孩子童年时应有的天真。

小牛顿总觉得和别的孩子无法沟通，他们都太幸福了。当看到他们叫着妈妈的表情或是跟妈妈撒娇时，妈妈疼爱他们的样子，他心里难受极了，眼泪都要流出来了。妈妈呀，你为什么不能留在我的身边呢？小艾萨克幼小的头脑还不懂得去全方面综合思考，他还没有太多的经历，他只会偏激地看到问题的一个方面，他还不懂得大人的辛苦和需要，他只觉得妈妈太狠心了，他认为妈妈不再嫁人，永远和他外婆在一起该有多好啊！在他的心目中，继父是世界上最坏的大坏蛋，是他抢走了母亲。他知道自己还有个爸爸，从来没见过的爸爸，他在哪儿呢？天堂是他外婆告诉他的，可是天堂在哪儿呢？他要想办法联系上他的爸爸，把自己的苦闷说给他未曾谋面的亲人。外婆不会成为他倾诉的对象，因为外婆虽然善良，却不理解他，跟她说也没有用。于是牛顿更加爱一个人幻想了。

父亲早逝，现在母亲又改嫁了，牛顿只得和外婆相依为命，过着孤单、寂寞的日子。

▶ 池塘之乐

转眼间，牛顿已经到了上学的年龄。因为他长得瘦小，体质又弱，所以他不能像同龄的孩子一样，背着书包去接受学校教育。于是，他在仙境般的大自然中，过着无忧无虑、真正属于他自己的美好惬意的日子。

小牛顿是个孤独、内向的孩子，这影响了他和别人的交流。再加上他所处时代的林肯郡，农耕家庭长久地过着简朴的生活，他们畏惧上帝，把生活重心放在阅读《圣经》上。在这样一种清教徒的家庭环境中长大，他更是养成了拘谨、刻板的习性。但他并不在意，也许他早已习惯了孤独，根本就不想交任何朋友。他的外婆是他身边最亲近的人，可是他觉得自己脑海里的乐趣与幻想是她不曾、也永远不会理解的东西。所以，牛顿喜欢独享他自认为有意思的生活，也许在别人的眼里，他是个可怜的人，没人陪伴，总是独来独往。可是在他自己的内心世界里，那丰富多彩的世界总是如万花筒般涌现出让他陶醉的景象。他不是在忍受孤独，而是在享受孤独，在周围人的眼中，他不苟言笑、沉默寡言，然而幸好牛顿童年的生存环境是纯净的大自然。

他喜欢四处乱跑，这是他的自由，那时仿佛整个世界都属于他一个人。他会跑到洋溢着青春气息的田野中，那里有着人劳动后的成就感，那里有着丰盈着人内心的广阔的世界，那里还有泥

第一章 少年时代

土与庄稼的清香，那里有让人返璞归真的感动。四季轮回，令牛顿那有些单调的生活有了鲜活的色彩。

有时，他会来到小树林里，在阳光洒下来的婆娑树影中，静静地躺上一会儿，天马行空地想了一会儿。小树林里，有着清新的空气，一棵棵嫩绿的小树整齐地排列着，使人赏心悦目。树下的青草绿得像要滴水，有着成长的生机，一切都是那样的静。在这里，小牛顿可以尽情地思索，他的思想都像要发出声音来了。这里淳朴而浑然天成的美，涤荡着小牛顿的内心世界，也给了他一个可以静静思考的空间。

有时，他还会来到垂柳掩映的小河边。天气特别好的时候，会有闪亮的阳光洒在河面上，像是粼粼的希望的光芒。河水清澈见底，河底的清沙上随意地躺着许多鹅卵石，石头聚堆的地方会长出漂亮的植物，还有像小牛顿一样自由自在的鱼儿在嬉游。

一天，小牛顿终于忍不住下到河里去玩耍。他拾起几块光洁的石头，又抓起几个水里的植物仔细欣赏着，探究它们的奇形怪状。他还奢望抓到几条小鱼。这是一个孩子的好奇心，他想和小鱼、大自

牛顿的童年在这个地方度过

然交流。当一个人与一种环境熟悉的时候，他会有与这种环境交流的欲望，他也会发现交流的方式，可是小鱼很不听话，它们并不想傻乎乎地和人有什么交流，它们更喜欢自己一成不变的生活方式，更喜欢自己游来游去，寻找更广阔的生存空间。

小牛顿抓不到一条小鱼，可这个执着的孩子并不甘心，他到小树林中找到一根比较长的木棍，在一端系上一根结实的绳子，绳子的末端拴着一个自己做的弯钩。小牛顿抓来几根蚯蚓做鱼饵，挂在鱼钩上，然后把渔线甩到了河里，在岸边握着鱼竿静静地等待。他不慌也不忙，睁大眼睛仔细观察着河里的动静，那种专注的神态仿佛是他日后苦心钻研科学时的神情。

半个多小时过去了，鱼竿还没有什么反应，小牛顿觉得自己一直在屏着呼吸，他听到了蛙鸣声，听到了树叶的沙沙声，这么静，他甚至闻到了空气的味道。鱼饵是不是已经被狡猾的鱼吃掉了？小牛顿有些疑惑，但他终于还是没有动，他相信自己一定会钓上鱼来。突然，鱼竿猛地一沉，小牛顿一阵惊喜，一定有个贪吃的鱼儿上当了。小牛顿兴奋地站了起来，握紧鱼竿，猛地往后一扬，一条小鱼就随之飞到了半空中，正为自己的贪吃而后悔，在那里奋力挣扎呢！

小牛顿好不容易才把活蹦乱跳的鱼从鱼钩上摘下来，那条鱼不大，如果小牛顿是一个有经验的渔人，他也许会把小鱼放回水里，让它再生养一段时间。可小牛顿只是个孩子，他只是满意于自己的第一个劳动成果，并不在乎那成果有多大。他心里充满了一种新奇的喜悦感，把小鱼放到一个小桶里，还来不及仔细观察这一条，他就急着去捕捉更大的了，那广阔空间吸引着一个求知的小孩子，尤其是一个小男孩的注意力。小牛顿在河边整整待了一个上午，对于一个玩心很盛的男孩子来说，能这样潜下心来安安静静地做一件事是多么不容易啊！一个上午，他只钓了 3 条鱼，可他还是兴奋极了。他欣喜地观察着那些小鱼，心想这下子你们可跑不了了，老老实实地让我瞧个够吧。

小鱼并不为自己畅游的空间变小而变得忧虑，它们也是一种习惯孤独的动物吧。它们仍然摆动着优美的身姿，游动着，一种神秘而自在的路线。它们的确是适应环境的精灵。它们游过的地方有水的柔美的波动，然而那是不着痕迹的，仿佛只有一阵微风吹过，有微微的流转。小牛顿目不转睛地盯着小鱼，那样好奇，那样入神，转眼间已经过去了很长时间。小牛顿几乎忘了吃饭，后来他隐约听见了外婆的呼唤声："艾萨克，艾萨克，该吃饭了！"小牛顿还没看够呢，可他还是听话地收拾起自己的家什，拎着水桶，回家去了。

正是气温最高的时候，阳光照耀着一片绿色和水盈盈的世界，小牛顿扛着鱼竿，小心翼翼地提着水桶，想到这一天又有了新的收获，便充满了成就感，他欣喜地走在回家的乡间小道上。

牛顿的天性里面有着对大自然的无限热爱。大自然充满了净化人心的力量，那是日后繁忙都市中的人们急需的境地，是难得的使人达到"天人合一"境界的地方，正是在那里，小牛顿的心也得到了陶冶，使得他有些扭曲的心灵得到了抚慰。也正是在那里，小牛顿逐渐有了战胜自然的力量和信心。这种力量和信心一旦积累起来，便是日后从事科学研究之时的一笔巨大的财富。小牛顿生长在大自然的怀抱中，经常观察自然现象，他养成了勤于思考的习惯，凡事都想研究个明白，这种好奇心也为他日后的研究奠定了良好的基础。这种内趋性性格与热爱大自然的天性结合起来，便又有了优势，那就是他能够、也有希望去探究自然的奥秘。

小牛顿是一个四处玩耍的孩子，然而他不是一个普通的孩子。他的特质、他的爱好与这种放松的环境结合在一起，才使牛顿成为独一无二的牛顿。

▶ 敲敲打打的童年

一天，屋外正下着毛毛细雨，小牛顿用双手撑着下巴，静静地望着窗外飘落的雨滴，脸上带着一抹 5 岁孩子不该有的落寞神色。

"今天一定不能去河边了。"小牛顿心想，"但是应该怎样度过呢？"

雨细细绵绵地下个不停，小牛顿盘算着如何打发这个无聊的雨天。

他茫然地望着连绵的细雨，忽然眼睛一亮，想起有次在仓库里，曾看过一把铁锤和一些铁钉，那些似乎都是很好玩的东西，于是拔腿就往仓库跑去。

仓库里，外婆正在打理谷子。他问外婆："外婆，外婆，铁锤和铁钉放在哪里了？"

外婆回过头来，看见外孙满脸雨水，很是心疼，一边顺手拿起一块干布擦他的脸和头发，一边怜惜地责骂："下这么大的雨还乱跑，你看，淋得全身湿漉漉的，着凉了怎么办？对了，你找铁锤和钉子干什么？"

"外婆，不要生气嘛，外面正在下雨，我不能出去玩，只好找其他东西来玩了。"小牛顿委屈地辩解。

外祖母不忍心再责备他，马上从工具箱中拿出铁锤和钉子，笑着对小牛顿说："拿去吧！不过千万要小心，不要把手砸破了。"

小牛顿兴高采烈地接过铁锤和钉子，又从仓库的废物堆中找出一块厚木板，把钉子一一钉在木板上，专注得像个小工匠。

外婆看在眼里，心想：别的孩子总爱找玩伴玩儿，小牛顿却总是喜欢一个人玩些奇奇怪怪的玩意儿，该不会有什么问题吧？不过，看他钉东西的动作那么利落，应该是个正常的孩子才对。

"小牛顿，你钉这些钉子做什么用呢？"外婆停下手里的活计问道。

小牛顿歪着小脑袋想了一想，说："我可以把板子锯成一块块的，再钉起来做成各种东西呀！"

外婆听了，连忙称赞他说："嗯！你真聪明，让外婆来帮你锯，好吗？"

"不要了，我想自己动手锯。外婆，您只要告诉我怎么使用锯子就可以了。"

小牛顿学着外婆的样子，笨拙地把木板锯成一块一块的，再用钉子钉起来，变成一个奇形怪状的箱子。

祖孙两人看了呵呵笑起来……

自从小牛顿学会使用一些简单的工具后，只要一有空，他就躲在仓库里敲敲打打的。

渐渐地，小牛顿的技巧越来越熟练了，做出来的东西也越来越精巧。他的房间里已经塞满了自己亲手做的工具箱、书架、玩具箱等。

孤单的小牛顿，终于在手工艺的世界中，找到了知心的朋友——铁锤、锯子、尺……这些玩意儿伴着他度过了一个敲敲打打的童年。

名人名言·和谐

1. 和合乃天地大德。

——〔春秋〕孔　子

2. 世间最平和的快乐就是静观天地与人世慢慢地品味出它的和谐。

——三　毛

3. 每个人都拥有不同的智慧及无限量的潜能，当大家对此有所了解并同心协力加以开发时，就能为社会带来繁荣。

——[日本]松下幸之助

4. 亲善产生幸福，文明带来和谐。

——[法]雨　果

5. 和谐是众多因素的统一，不协调因素的协调。

——[古希腊]毕达哥拉斯

6. 世界就是一座供奉不和谐之神的巨大神庙。

——[法]伏尔泰

7. 美在和谐。

——[古希腊]赫拉克利特

8. 只有劳动才能使人变得幸福，使他们的心灵变得和谐、心理满足。

——[俄]别林斯基

9. 友谊是一种和谐的平等。

——[古希腊]毕达哥拉斯

10. 和谐是爱与恨结合起来的庄严的配偶。

——[法]罗曼·罗兰

第二章

Newton

"呆子"小学生的生活

我并没有什么方法，只是对于一件事情很长时间很热心地去考虑罢了。

——［英］牛　顿

▶ 做个更好的水车

一天放学后，小牛顿又照例跑到河边去玩。他发现威尔姆河有很多人，他好奇地去看发生了什么事。原来这些人正在安装一个大水车，那架水车很旧，也很笨重，大家好不容易才把它安好。

小牛顿第一次见到这种水车，觉得很有趣，等到大家都走了，他就在那儿认真地观察起来。秋日傍晚的余晖洒落下来，四周笼罩在紫色霞光之中。有几户人家的烟囱里飘出了轻烟，这是一种多么静谧悦人的图画啊！笨重的大水车在河边划出了一个动人的轮廓，木质的结构虽然笨重，却很有一种淳朴的美。大水车在水力的推动下缓缓地转动，发出吱吱呀呀的响声，像是外婆慢慢悠悠地哼着生命的歌。河水哗哗作响，像是小孩子和外婆的演唱。小牛顿被这美丽的乡村景色迷住了。

第二天放学后，他又跑去观看。他发现这笨重的大家伙还能工作呢！村里的人把磨面机与水车连接起来，让水车带动磨面机，转眼面粉就磨好了，磨得又快又好。小牛顿觉得很纳闷，这是怎么回事呢？他的小脑瓜又开动起来了，但他没有问别人，而是自己观察了一番，他发现了两个轮子，一个转得快，另一个转得慢。而且两个轮子的齿数也不一样。他回到家以后，还一直琢磨着这件事。

第三天傍晚，他又去观察，这一次他听到村民在议论这架水车。

"这架水车太破旧了，使用起来太费劲了。"

"是啊，用一回要费这么大的劲，真是不方便。"

听到这些话，小牛顿突发灵感，心想："怎样才能做架更好的水车呢?"

回到家以后，他就把自己的工具全都倒了出来，动手做起水车来。开始他只是做了个比较像水车的模型，但并不会转。

第四天傍晚，小牛顿去请教邻居大叔，大叔帮他检查了一下，告诉他应该怎样改正。小牛顿如法炮制，果然做成了一架非常灵活的小水车。

小牛顿想，我的小水车这样灵活，而村里的大水车却那么笨重，我要想办法把村里的水车变得小巧一些，这样就会让大家省力气了。

有了这么一个宏伟的计划，小牛顿干起活来更加有劲了，他一连几个晚上都在忙着这件事，拆了装，装了拆。失败了就好好研究一下失败的原因，不断地改进，最后他终于做成了一架轻便、灵巧的小水车模型。

小牛顿总是把作品第一个拿给外婆看，她是小牛顿作品的忠实欣赏者，她总是满足小牛顿需要赞扬的欲望，也总是鼓励他。这一次的作品令外婆笑得合不拢嘴，她觉得小牛顿越来越有出息了，小牛顿用扇子扇动了小水车，小水车转动起来。外婆弄着这精致的玩意儿，也爱不释手。

邻居大叔见到小牛顿改进后的小水车，惊讶于他的心思和善于思考，把他的改进方法告诉了村里的人，大家都很高兴，都没想到这个平日里十分腼腆、沉默寡言的小孩子，竟然这么聪明能干，真是令大家刮目相看。

小牛顿没想到会有这么多人赞扬他，而且还能引起这么多大人的注意，他的创造意识更加有了动力。

▶ 再也不受欺负

　　小牛顿的同学们都知道牛顿做了一架非常好的小水车，受好奇心的驱使，都想看一看。尽管他们平时都觉得他很孤僻，不爱和他说话，也不爱和他在一起玩。但这一次不同，小牛顿简直成了一个小名人。他的东西也成了大家想一睹为快的宝贝。

　　小牛顿平时虽然很少和大家交流，但他的内心还是有沟通欲望的，只是习惯成自然，少了说话的勇气。

　　小牛顿头一次受到大家的重视，心中不免得意。当天放学回家时，外婆看出了他不同往日的悦色，那种被承认的喜悦感已难以抑制地流露出来。

　　"艾萨克，今天遇到什么高兴事儿了，给外婆讲讲好吗？"

　　"没什么，外婆，"小牛顿尽量抑制自己的情绪，"有人想看看我的小水车，明天我要把它带到学校去。"

　　外婆并不知道这件事的重大意义，因为她不十分了解小牛顿在学校里与大家的相处情况。她想，真是小孩子，心里的世界那么单纯，一件微不足道的小事竟然能成为一件占据心灵的大事，让他高兴成这样。见小外孙这么高兴，外婆的心里自然也十分欣慰。

　　第二天，小牛顿起了个大早，把自己的小水车擦得干干净净，又用一块干净的布把它包起来，带着它一起上学了。

　　班里的同学还没来几个，见到他把小水车带来了，赶紧围了过来。小牛顿见到大家期待的眼神，心里有了几分满足感。他小心翼翼地打开了外面围着的布，有种名人揭幕剪彩时的心情。

"哇，太漂亮了！"同学们不禁惊叹道，"真的哎，没想到你的手这么巧！"

"真不敢相信！"

"是你自己做的吗？"

"当然了，"小牛顿怕大家不相信他，有点激动，"我还做过许多东西呢！四轮车什么的，一般的东西我都会做。"

"那你会做房子吗？"

"会啊，但只能是模型，我能做个像教堂一样的木头小房子。"

大家的脸上都露出了羡慕的神色。童年时孩子们对什么都感到好奇，一片树叶、一块石子都够让他们研究上半天。这架水车，简直成了他们的神话，也许孩子们就是喜欢崇拜那样一些人——他们做了让孩子们认为不可能做出来的事物。

更多的同学来到了教室，都围拢过来看，教室里一片惊叹声。

班里最霸道的一个孩子也来了，见到班里从没出现过的壮观场面，有些惊讶。这个男孩子平日里总是欺负大家，尤其是一些弱小的孩子，他以为这样他就可以控制大家，就可以显示他的威风，这也许就是他的人生价值。可今天，另外的人受到重视，他感到心理不平衡，当发现那人竟是平日里被人看不起的牛顿，更是想找碴儿欺负他。

正巧同学们在问他："艾萨克，你的水车能转吗？"

"当然能了。"小牛顿用手转动了水车。

平时学习不错的卡特问他："你的水车为什么会转，能给我们讲讲其中的道理吗？"

小牛顿一时语塞了。这是一个他始料不及的问题。他答不上来，原来的那种自卑心理又重返来侵袭他。

"小霸王"抓住这个机会，上前按住水车，嘲笑地说："这么

笨的人，怎么可能做出水车来呢？"

牛顿气愤极了，那是他自己精心制作的小水车呀！他要拿回自己的东西，然后像平时一样默默地回到自己的座位上去，什么想法也不再有。

"小霸王"见他这么好欺负，就故意把小水车碰到地上。

啪的一声，小水车被摔碎了，小牛顿的心也碎了。他禁不住大喊："你为什么摔碎我的小水车？"

"小霸王"是个大块头，比牛顿足足高一个头。他压根儿没把牛顿放在眼里，吼道："喊什么喊，谁把你的破水车摔碎了？"说着，他还恶意地朝小牛顿的肚子上踢了一脚。

小牛顿平时虽然老实，但还没有被"小霸王"这样欺负过。这一次终于激起了小牛顿性格中一直处于弱势的另一面——倔强，容易激怒。他那自卑的心理达到了极限，终于要爆发了，他已经失去了理智，发疯地冲了过去，抡起一拳重重地打在"小霸王"的脸上，他心里也不顾忌自己是否能打得过别人，只想到自己一直都积起来的闷气终于可以全部发泄出来了。当某种东西失去控制时，常常有着人们不可预知的力量。"小霸王"受了这一拳，锐气大减，因为压根儿没料到小牛顿会还手。这一下竟让他反应不过来了。

而小牛顿的怒气终于冲破了阻碍，发泄出来，一发不可收拾。

就这样，瘦小的早产儿小牛顿竟然把实力相差悬殊的"小霸王"打倒在地。全班的同学都惊呆了，但也暗暗叫好。因为平日里"小霸王"欺负众人，大家都是敢怒不敢言，更不敢还手打他。今天，平日里不起眼的牛顿与他交了手，开始时大家还替他担心，怕他一时冲动，结果会不堪设想，都替他捏了一把汗。现在大家都发现"小霸王"并不是不可征服的，小牛顿又打破了他们心中的一个神话，他们禁不住一起大声欢呼起来。

小牛顿压住"小霸王"，对他喊道："听着，我再也不想受你欺负了。"

"小霸王"虽然生气，但胆量已减了大半，加上同学们的势力已倾向于小牛顿，他自己已经是"孤家寡人"，自知无趣，便向小牛顿求饶。

那天，小牛顿的水车虽然被摔坏了，可他却经历了一次重要的人生转折。从此，他的性格逐渐得到了完善——原来那种拘谨内向、沉默思考的内向性格，又有了好胜的征服性外向性格特征。以前在小牛顿的潜意识里，他总觉得自己是个弱者，所以只与自己相处，成为自己世界里的英雄。然而那一天的经历让他意识到自己并不弱，自己也能够得到别人的承认。

从那以后，他有了矛盾的双重性格，这种双重性格一方面显露了他矛盾的心理，显露了他内心的不安定感；另一方面也使他自信起来，不自觉地把自己塑造成一个非常有个性的人。

▶ "呆子" 的思索

有一天放学以后，小牛顿在学校里把功课做完，然后又跑到大自然中去了。青草仍然绿着，落叶已经簌簌地落了下来。黄色的落叶点缀似的铺在青草地上，那颜色是多么美丽，还有一些叶子仍留在树上，风一吹，哗哗地响，可它们仍很顽强地守着，不管那即将吹断它们的北风。

小牛顿想起前一段时间的事，老师鄙夷的神情，在他的脑海中一一闪现。同学们"呆子、呆子"的喊叫声，时时在他的耳边回响。他心想那时多么委屈，可却没法告诉外婆，要是爸爸妈妈

都在自己身边多好啊！不过还好，自己最终克服了困难，解决了问题，渐渐长大了。自己以前被人瞧不起，不光是性格上的原因，主要还是学习成绩不好。自己的生活没有亮点，谁会看得起你呢？

自己会做那么多东西，这些全凭天分，但真正让自己讲出道理来便被难住了。这样，即使自己能做出什么东西来，也是一件简单的活儿。不知道原理，就不能把作品掌握得一清二楚，就不能富有创造性、灵活性地创作。当然别人就不能够把你的作品当成至高无上的东西。所以，现在自己要努力了，努力学习，挖掘深层次的东西。因为思考的时间比以前多了，不是盲目地去做，而是三思而后行，这也是一种进步。

他在河边的那块草地上躺了一会儿，突然发现了一块石头中间的小草。绿色的、嫩嫩的小草夹在灰暗色的石头中间竟然曲曲折折地长了出来。小牛顿的心里忽觉一亮，是从哪儿听过的一句话来着？"只要小草努力，石头也会对它微笑。"这话说得多好。小牛顿把这话对自己重复说了几遍，觉得自己现在的生活多好，一种有希望的生活。

他曾经对外婆说，希望成为舅舅那样的人，以前他觉得这目标太渺茫了，他离这目标很远很远。现在不同了，他觉得只要努力，就没有什么事是办不成的。外婆不是说过想成为舅舅那样的人就要读很多很多的书吗？现在最重要的就是要把自己必须学的书看懂，将来要看许多许多的书，学很多很多的知识。

那一天，牛顿的心里充满了理想，那理想膨胀得快要爆出来了。但有时候这种壮志豪语的确是引向成功的一条线。于是，从那一天起，他下定了更大的决心，更加有了动力。

▶ 成为优秀学生

"水车风波"之后，小牛顿变了。他从此相信自己并不是一个弱者，他的身板挺直了，再也不低垂着头躲在角落里。这是一个好的开始，没有了"自己不如别人"的心理暗示，小牛顿开始比较正确地认识自己了。

他认识到了自己的优点：聪明、有头脑、善于动手；同时也认识到了自己的缺点：自卑、不合群、学习不认真。有些性格改起来的确要费一番功夫，但学习上他也一定能赶上别人，自己并不比别人差，只是自己从来都没有认真学习过。如果自己学习上有他做木匠活的劲头，也一定能有好的成绩，自己不是还做出了同学们都做不出的水车吗？他暗暗对自己说："我一定能成为一个学习好的学生！"

从此以后，小牛顿不用别人提醒，就自觉地把倔强的个性转化为顽强的意志，把它用在了学习上。上课的时候，他认真学习；放学的时候，他仍做自己喜欢做的事，但前提是一定先把功课做完。他记得"该学习的时候就学习，该玩的时候就玩"这样一个硬道理，只有这样，才能把每件事都做好。

上课的时候，他不再害怕看老师，反而紧盯着老师，紧跟着老师的思路，他不再走神去想别的事。他专心倾听老师讲的每一句话，记录下老师讲的每一个重点内容，这样他就再也不怕老师提问了。因此，面对老师的问题，他总能对答如流。有时他还能找到问题向老师请教。老师都注意到了这位曾不值一提的学生的

变化，连那位严肃的老师也改变了对他的态度。

老师的态度转变了，小牛顿对各门功课又有了一定的了解，逐渐也产生了兴趣。兴趣有时是最好的老师，小牛顿的钻研精神一旦用在了自己感兴趣的事物上，便如鱼得水，发挥了重要作用。

牛顿本来就爱动脑筋，自从对功课产生了兴趣，他便把全部精力投入到了自然科学、绘画、文学等各个方面。他学习有了直接动力，又能劳逸结合，讲求学习方法，所以他的学习成绩很快赶了上去，后来竟然成了班里数一数二的学生。

他的进步让同学们暗暗惊叹，大家都渐渐喜欢他了，因为他在多方面都是第一，无人可比，没人敢瞧不起他，还有很多人甚至有些嫉妒他。小牛顿各科成绩都跑到了前面，得到了老师、同学们的尊重，有很多同学甚至开始向他请教问题。他意识到认真学习给他带来的好处，更加坚信自己的做法是正确的。

牛顿的一生有很多转折点，而面对这一个转折点，小牛顿把握好了方向，因而取得了出乎预料的成果。也许成功的人就是不断经历挫折而又不断战胜挫折的人。

名人名言·奉献

1. 有一分热，发一分光。　　　　　　　　——鲁　迅

2. 人只有为自己同时代人的完善，为他们的幸福而工作，他才能达到自身的完美。

　　　　　　　　　　　　　　　　——［德］马克思

3. 一个没有受到献身精神所鼓舞的人，永远不会做出什么伟大的事情来。

　　　　　　　　　　　　——［俄］车尔尼雪夫斯基

4. 你要记住，永远要愉快地多给别人，少从别人那里拿取。

　　　　　　　　　　　　　　——［苏联］高尔基

5. 人只有献身社会，才能找出那实际上是短暂而有风险的生命的意义。

　　　　　　　　　　　　　——［美］爱因斯坦

6. 我们必须奉献于生命，才能获得生命。

　　　　　　　　　　　　　——［印度］泰戈尔

7. 献身的人是伟大的！即使他处境艰困，但也能平静处事，并且，他的不幸也是幸福的。

　　　　　　　　　　　　　　　——［法］雨　果

8. 尽力做好一件事，实乃人生之首务。

　　　　　　　　　　　　　——［美］富兰克林

9. 历史把那些为了广大的目标而工作，因而使自己变得高尚的人看作是伟大的人；经验则把使最大多数人幸福的人称赞为最幸福的人。

　　　　　　　　　　　　　　——［德］马克思

◁ 第三章 ▷

Newton

小小发明家

谦虚对于优点犹如图画中的阴影，会使之更加有力，更加突出。

——［英］牛　顿

▶ 造小马车

成长关键词

↓

求知、严谨、博学

　　虽然牛顿刚开始上学时不用功学习，但是他极善于观察和设计，于是，在家中，尤其是在他那间小屋子里，摆满了各种各样倾注了他心血和智慧的小东西。可能是由于经常观察自然现象以及爱沉思默想的缘故，他小小的脑袋里充满了各种各样的幻想和新奇事物。于是，当他一有新的想法，就开始动手把他的想法变成现实。他不知从哪里搞来一些工具：小锯子、小锤子、小起子、小刨子……还做了一个小工具箱。一到他突发奇想的时候，就把这些东西搬出来，还有一大堆木板、木条、钉子、铁丝等，弄得一地的东西，横七竖八，有时搞得外婆走路连下脚的地方都没有；而小牛顿呢，却趴在地上一声不吭，埋头苦干，十分投入。就这样，入学后的牛顿在学校里学不到什么东西，却在动手制作中独自摸索出了许多课本上学不到的知识。在老师与同学们眼中的"笨"牛顿，在外婆心中，却是一个无比聪明的孩子。

　　小牛顿把外婆给他的零花钱都用于买钉子之类的东西，他是那么喜欢做木匠活儿，随着他一天天长大，思维越来越敏捷，做的东西也越来越有创造性了。以前他只是模仿做一些桌椅、板凳之类的家具，现在他在认真观察的基础上还能设计、改造一些用具了。

　　这天，牛顿在放学途中，看见一辆漂亮的马车疾驶而过，那优雅的车型，深深地吸引了他。

　　"如果我也能有一辆马车，那该有多好！"小牛顿望着马车的背影，羡慕不已。是啊，有一辆自己的马车，这是他从小的梦想。

"唉，外婆怎么会有钱给我买马车呢？"

可那辆马车实在太诱人了，小牛顿想得入迷："如果我能有一辆小马车……"突然，一个大胆的念头闪现在他的脑海中："嘿，我可以自己动手做一辆马车呀！"这个大胆的念头太让他激动了，他立即飞奔回家，丢下书包，钻进了自己的阁楼。他拿出工具，熟练地使用锯子、斧子忙起来，忙得满头大汗。

接连几天，小牛顿一放学回家，饭都顾不得吃，就往阁楼里钻，把自己关在屋子里忙活起来。他把平时省下的零用钱，全部拿去买材料，仔细画出车的外形，一点一点地打造。小牛顿在制作马车的过程中，渐渐摸索出了车子转动的原理。

外婆十分了解自己的小外孙，所以总是把饭端到小牛顿的房间。外婆瞧着他那幼稚而又专注得一本正经的神情，不禁笑起来。

一个星期后，当四个轮子和简单的刹车器安装完毕后，整辆车子的工程便告完工了，他抬起头，见外婆正慈爱地看着他，他高兴得拍手大叫："外婆，快看呀，我的车子造出来了！"紧接着，他又高兴地对她说："外婆，我把原来的旧手推车给你改成了四轮车，这样你上集市买东西就方便了。"外婆欣慰地笑了，她明白这个聪明懂事的孩子，总能把问题看在眼里，记在心上。小牛顿总愿意陪着外婆到集市上去，以前他陪外婆去的时候，发现有时东西买多了或是买了大件的东西总是不好拿回家，现在这个问题终于解决了。

外婆欣赏着外孙的杰作，只见车的四个轮子是用一块块木板拼起来的，在地上转动得很均匀、很灵活。牛顿指着车上一个手柄对外婆说："您看，这里还有一个刹车器哪！我把它拉过来，车就会放慢速度。"

"好，好，我的外孙太了不起啦！"

"外婆，快，我们把车子推出去试试看!"

祖孙俩把车子推到附近的山坡上，小牛顿高兴地坐上车，外婆一推，车子就顺着山坡滑了下去。

小牛顿坐在车里，开心极啦!

"工欲善其事，必先利其器。"小牛顿给外婆增加了一个工具，帮了外婆的大忙。这一次，他们特意买了很多需要的物品，用四轮车推了回来，路上的人见了都夸奖说这辆四轮车做得好，小牛顿心里暗自得意。到家的时候，连邻居家的大叔都夸小牛顿心灵手巧。

小牛顿的成就感并没有使他得意忘形，反而鼓励了他，使他对手工制作更有兴趣了。他对自己充满信心，他认为自己一定能做很多东西，只要认真做，都能做成功，所以即使经历过失败，他也对结果有着积极的企盼。因此，这个被老师称为"呆子"的小牛顿，从某种意义上来说并不是什么"呆子"。了解他的人会发现，在别的孩子用书本知识丰富自己、开发智力的时候，小牛顿在用另一种方式发掘着自己的潜力，在锻炼自己，在为日后的研究工作做着无意识的准备。尽管是"无心插柳"，日后却"垂柳成荫"。

▶ 石制日晷仪

在自家的小阁楼里，牛顿每天除了继续敲敲打打地搞小制作外，还迷上了画画。

他喜欢画远处的山，画近处的树，画广阔的田野，画奔流的小河，画啊，画啊，越画越爱画。大自然那斑斓丰富的色彩让小牛顿着了迷。他惊奇地发现，每一种树的叶子虽然都是绿的，但每一片树叶又各有自己的绿色。所以，他特别注意颜色之间的差异，配颜色的时候格外细致认真。一幅较大的水彩画，往往需要几天才能完成。因此，牛顿经常是人在课堂上，心早就飞回了家，天天都盼着早些放学。

有一天，牛顿拿着纸笔到院子里画画。院子里有一棵高大的树，午后的阳光斜斜地照射着，把树影投射在地面上，构成一幅天然的图画。

"太美妙啦！"

牛顿觉得很有趣，便停下笔，注视着这幅"树影图"。一会儿，他发现一件有意思的事：随着阳光的移动，树影也跟着移动位置，本来只有树梢的倒影，渐渐地，连树干的影子也出现了。

整个下午，牛顿就坐在那儿，眼睁睁地看着树影的变化，一边看，一边在地上做了许多记号，最后他惊讶地发现：树影长短的变化和太阳的位置有很大的关系。这个发现让牛顿的眼前一亮，兴奋不已。

从那天开始，牛顿每天中午一放学，就跑到院子里，一个人专注地研究影子和时间的关系。一连几天的观察，牛顿受到了很大启发，他明白了太阳的运动是有规律的。他想：是否可以利用这个规律，制作一个更准确的"太阳钟"呢？

说干就干，牛顿选中了院子里一块平板大石头，一有空就凿起来。

"叮，叮，叮！"

"孩子，你凿石头干什么？"外婆看着很纳闷，便问牛顿。可牛顿总是笑而不答。

有一天，外婆喊牛顿吃饭，牛顿瞅瞅院里的石头，告诉外婆："今天吃饭的时间比平常要早些呀！"

第三章 小小发明家

"不会吧，平时不都是这个时候开饭的吗？"

牛顿指着那块石头说："瞧，这是我做的测量时间的仪器。您看，昨天您叫我吃饭时，影子是在那个地方，今天影子的位置却在这里。"

"哦，原来你是在造这个呀！"外婆乐得合不拢嘴，"老师总说我的外孙反应迟钝，这样的孩子怎么能说他笨呢？"

原来牛顿很早以前就对太阳的移动很感兴趣，而且也早就对太阳光留下的影子有关注，每隔一段时间就记录下物体留下的影子，他观察过很长一段时间。看到了相关的资料，便萌发了做个"日晷仪"的念头。

经过十几天的努力，牛顿终于完成了石刻日晷仪。他选用了能找到的最好的制作指针的材料和精美的底盘，在圆形石板上凿了个洞，插进一根铁钉，再在圆板四周刻出适当的凹痕，借着钉子的投影，估测出大致的时间；并且用最仔细的工作态度，标志出他认为是最精确的时间刻度。

他抑制不住心里的喜悦，想到村子里连个报时的东西都没有，便想把自己的发明贡献给大家。外婆对此也非常支持，这样，石制日晷仪就安放在了村子的中央。

"哇，这个像闷葫芦似的小孩竟能发明出这样伟大的玩意儿，真是不可思议呀！"

"了不起，这孩子了不起！"

村民们都纷纷竖起大拇指。

据说后来牛顿只要随便扫一眼物体的影子，便能准确地说出时间。可见当时牛顿在此中花了多少功夫。

后来，牛顿成名后，村民们都怀着深深的敬意，把石制日晷仪称为"艾萨克盘"，并一直使用到牛顿去世后的很多年。

▶ 来到金格斯镇

夏日的午后，牛顿独自一人走在从学校返家的乡间小路上，这里的一切都是那么熟悉，远处绿荫掩映下的农舍，有过钓鱼乐趣的小溪，仿佛每一棵林荫树下都能找到他记忆的影子。但如今就要离开这熟悉而美丽的环境了，因为12岁的他将要以优异的成绩从小学毕业了，马上就成为初中生了。

那天，舅舅来找妈妈商量送牛顿去念中学的事。妈妈觉得只要牛顿认识一些字，将来把家里的小小的庄园支撑起来，能安安稳稳地过日子就可以了，不必再继续求学了。舅舅却认为牛顿头脑灵活、手脚勤快，长大后一定会有出息。所以，不仅要让他上中学，将来还要念大学。

"你说，牛顿将来真能有成就？"妈妈心存疑虑。

"我说能就一定能。"

"好吧，听你的。"

经不住哥哥的劝说，妈妈终于同意让牛顿继续学习。但是，中学在金格斯镇，离沃尔索普有10多千米的路，怎能让一个孩子每天来回跑20多千米的路呢？

妈妈想到了自己的一位朋友——克拉克夫人，她嫁给了一个药店老板，就住在金格斯镇。她心想，能不能让牛顿寄住在她家里上学呢？

妈妈急忙请人给克拉克夫人写了一封求助信，并很快就收到了克拉克夫人热情的回信：让孩子来吧，我们全家都欢迎他！

这样，牛顿按照母亲的安排去金格斯镇念中学了，这虽然是牛顿一直希望的，但一想到将要离开这熟悉的一切，特别是要离开与自己相依为命的外婆，他不免有些难过。

外婆已经老了，这是牛顿近些日子才有的深切感受。花白的头发，布满皱纹的脸和长着老茧的手，外婆真的是老了。牛顿在那里呆呆地看着外婆，有种想哭的感觉。外婆也同样担心这个从没有离开过家的孩子，感觉他这么小就要离开家，真是一件苦事，如果有可能真希望他能留下来，但又觉得这是不可能的，因为这是女儿对外孙的安排。是呀，祖孙二人在一起生活已有十几个年头，二人好像都对对方有了依赖，真要分开确实是件令人伤心的事。在牛顿将要动身去镇上的前夜，外婆伤心、担忧的感觉已经达到了极点，她拉着牛顿的手千叮咛、万嘱咐，从待人接物到吃饭睡觉，反正把她能想到的都对牛顿做了交代。

次日，牛顿坐着邻居的马车，告别了外婆，来到了金格斯镇上。金格斯镇比沃尔索普小村热闹多了，这里有不少大大小小的商店，街道也比较繁华。克拉克夫妇待人和善、亲切，一点都不在小孩面前摆架子。牛顿来了后，克拉克夫人拉着他的手，领他上楼，把他带到一间屋子，指着说："孩子，这就是你的房间。"

在房间里，一个淡黄色头发的女孩，大大方方地向牛顿伸出了手："你好，我一直在等你。我叫斯托丽。"

克拉克夫人微笑着解释："这是我的女儿，希望你们能成为好朋友。"

牛顿握着斯托丽温暖的小手，有些腼腆："我是艾萨克·牛顿，很高兴认识你。"

牛顿放下行李，又把自己的锤子、锯子、绘画颜料等用具也随行李一起拿了进来，就好像将他的小工厂原封不动地搬到了这里。

看着牛顿带来的这些东西，斯托丽惊讶地睁大了眼睛，心想，看不出他的爱好还挺多呢！

牛顿瞅瞅自己空荡荡的房间，又来到斯托丽的房间，同样也是空荡荡的，忙问："你这里没有书桌，也没有书架，怎么看书呢？"

斯托丽嘟哝着说："是呀，爸爸妈妈没有给我准备。"

"不要紧，我可以帮你做一个。"

"你？"

"当然啦。"牛顿取出尺子，在屋子里量来量去，"先让我给你做个书架和小书桌吧！"

"真是太好了！"斯托丽兴奋地几乎跳起来。

此后，牛顿一放学，就把自己关在房间里，叮叮当当地干起活来。

没过几天，一张精致的小书桌和一个漂亮的书架就做好了，抬进了斯托丽的房间。

"这是给你的。"

"哇，真是太漂亮了！"斯托丽乐得手舞足蹈。

克拉克夫人走过来，仔细地看着这些家具，赞不绝口地说："好！太好了！真是个心灵手巧的孩子！"

克拉克先生也上下左右地端详着，不由得说："哇，棒极了！"

过去克拉克先生一家曾听说牛顿有点呆气，现在，他们由衷地喜欢上了这个巧手少年。

他们非常支持牛顿的手工制作，让他随便看他们的藏书，而且还常常教他做药剂配方、称量等一些工作，也因此引起了牛顿对化学的兴趣。

不久，牛顿在克拉克先生那里借到一本《人工与自然秘密》，书里面有许多有趣的知识，比如，如何调颜色、配油漆；如何造焰火、糊风筝；如何制造水漏钟，等等，这大大开阔了他的眼界。按照书里的介绍，牛顿一样一样地做着实验，简直达到了废寝忘食的程度。为了记得更牢固一些，他把这本书抄写在了一个厚厚的笔记本里面。而斯托丽，则在各种各样的实验里，尽心尽力地帮助牛顿。

▶ 魔术风车

金格斯镇有座风车磨坊，是利用风力来磨面粉的。牛顿每天上学都要经过这座风车磨坊。他非常喜欢那架风车，觉得只要那么一点儿风，就能使这么庞大的风车转动起来，还能带动大磨将麦子磨成面粉，真是太神奇了！

这一天，在一条乡间小路上，一群孩子蹦蹦跳跳地回家去。人群中，一个瘦弱的孩子显得有些与众不同，他的脚步很慢。这个孩子就是 12 岁的牛顿。此刻，牛顿正朝风车磨坊走去。他在想："风车是靠风力来带动的，可要是没风，风车还能转动吗？"这时，他发现树上的树叶纹丝不动，真的一丝风儿也没有了。牛顿急了，脚步也不由得快了起来。

果然，牛顿发现那架风车无精打采地立在那儿，一动也不动。这时，牛顿又在想："有什么办法能不受风的影响，还能让风车一直转动下去呢？"

一天，牛顿从学校回来经过这里，仰起头用心瞧着转动的风车。他的好奇心又被激发了起来，暗想：我为什么不能做一架风车呢？于是，牛顿决定按照自己的想法去造一架能一直转动的风车。

　　在得到磨坊主人的允许后，牛顿走进磨坊里，仔细地看了又看，把那些最重要的部分都画在纸上，默记在心里。

　　回到住处，牛顿把自己关在屋子里，认真地画着风车的构造：翅翼如何安装在转轴上，又是如何转动，这个齿轮和那个齿轮如何啮合，才能带动磨盘旋转……都画得明明白白。然后，他对着草图想了又想。

　　斯托丽自愿给他当助手，帮助他找来合适的木头，并按照他的要求，用刀子不停地刮啊、削啊。

　　几天后，一个直径大约 50 厘米的风车模型便做好了。

　　这个木头风车相当漂亮，从外形看，和镇外磨坊里的风车简直一模一样，几个翅翼安装在一根轴上，下面是一个小小的圆石磨。要说不同的地方，就是它比较小，也就越发显得精致。

　　"爸爸，妈妈，快来看呀！"

　　最高兴的是斯托丽，她把父母都叫到牛顿的房间来，仿佛那是她的作品一样。

　　两个人一起小心地端起风车，走到窗户前面，外面的风吹进来，翅翼开始慢悠悠地转动，然后越转越快。风车咯咯吱吱地响着，全都跟着转了起来。

　　"爸爸，您放进去一点麦粒，看看会怎么样。"斯托丽请求着。

　　克拉克先生抓起了一把麦粒，小心地撒在磨盘上，随着咯咯吱吱一阵响，下面真的流出了白色的面粉，虽然很少很少，但那是真正的面粉。

　　"好棒的风车模型呀！真是不可思议！"克拉克太太惊呼着。

　　"做得真好，可是要装在哪里呢？"克拉克先生问道。

　　"就装在店铺的屋顶上好啦！"

　　"好啊！这样还可以当作我们药铺的招牌，真是了不起的主意。"

克拉克先生马上和牛顿一起爬到屋顶上去安装风车，借着风力的吹送，风车很顺利地转动了起来。

路过的行人都被这风车吸引住了，纷纷过来观看，对牛顿大加称赞："这样会动脑，真是个聪明的孩子。"

克拉克一家看着转动的风车，把十几岁的牛顿当成了小小发明家。

▶ 神奇的水钟

一天早晨，牛顿刚刚起床，就听到楼下有说话的声音。

"克拉克先生，现在几点钟了？"

原来是对面杂货店的老板来问时间。

那个时代，虽然钟表已经发明出来了，但是因为生产工艺很复杂，价格很昂贵，只有贵族、大商人或者教堂里才有钟，一般人还没有能够精确计时的现代机械时钟，都是一些滴漏计时工具。大都采用日晷仪或沙漏。沙漏计时的方法简单，但不是很准确，每次计时的时间也很短。而日晷仪呢，怕阴天下雨，太阳不出来，就什么也看不见，即便是大晴天，从日晷仪上也只能读出大致的时间。

杂货店老板的问话触动了牛顿，他决心造一个又简便、又可靠的钟。看过许多书籍，掌握了大量同龄人不可能了解的知识后，牛顿准备启动一项谋划已久的工程，制作一个能够精确计时的时钟。

一天，牛顿问斯托丽："后院那个大木箱子，还有用吗？"

"没有用呀，你又想发明什么东西？"

牛顿信心十足地说："我想造一个钟，让它能准确地指示时间。"

斯托丽惊奇地问："造钟？你用这个箱子，能行吗？"

"试试看吧！"

于是两人把这个几乎和自己身体一样高的木箱搬到楼上，细心地用油灰堵塞所有的缝隙，保证木箱不漏水，然后造起水钟来。

牛顿在开工之前，没有像小时候做模型时一样的蛮干，而是按自己掌握的知识，按克拉克先生教给的理论指导实验的方法，先设计好"图纸"，并对图纸进行反复的计算、修改，然后找来各种材料和工具开始叮叮当当地做起来。

不到一个月的时间，水钟大功告成了。斯托丽兴奋地跑下楼高喊："爸爸，妈妈，你们快来看呀！"

克拉克夫妇急忙上楼，在牛顿的房间里，他们看到了一个用箱子做的玩意儿。

箱子高约 1 米，上下各有个储水槽，上面的水槽底部有个小洞，水倒进去以后，会慢慢地从洞口滴到下面的水槽里，下面水槽里的木板就会随着槽内水量的增加而浮升。木板的中央有根木棒，木棒的顶端另有一根铁钉，上面系着一根细绳，从绳子的一端绕过连接指针的横棒，绑上一颗小石子，用来维持木板的平衡。当木板向上浮动时，借着绳子的牵引，指针横棒就会准确地指出时间。

"这是利用漏刻做的水钟，刚才对了时间，很准的。"牛顿激动地向克拉克夫妇介绍着他的新发明。

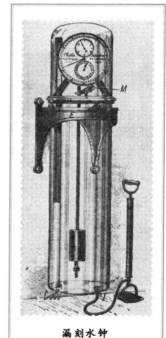

漏刻水钟

克拉克夫妇仔细地看着漏刻水钟，真是又惊又喜。

"哇，太了不起啦!"克拉克先生骄傲地把钟搬下楼，放在药店里，向来买药的顾客讲解这个钟有多么准确，既不用照料，也不用花钱。

"嘿，现在是 10 点 20 分了! 看，一清二楚!"

克拉克先生简直成了讲解员。

药店里有一个钟的消息，立刻传遍了附近的乡村，赶集的人们成群结队地前来看钟，都啧啧称赞着。

房顶上，风车在飞快地转动，屋里又有一个神奇的水钟，小小药店怎能不成为人们瞩目的地方呢? 来的人多，卖的药就多，克拉克先生药店的生意顿时红火起来。

牛顿制造风车和发明水钟的消息也传到了学校里，校长和老师都忍不住好奇心，一个接一个地来到药店参观。

"怎么样，我早就说牛顿这孩子会有出息吧!"面对校长和老师，克拉克先生显得特别自豪。

"肯定错不了。"数学老师接过话茬儿，"他的学习也不错，是我们学校里最爱提问题的学生。"

校长则骄傲得满脸放光:"我看呀，这孩子不同凡响，说不定将来会为我校争得荣誉。"

名人名言·合作

1. 我们知道个人是微弱的，但是我们也知道整体就是力量。

　　　　　　　　　　　　　——［德］马克思

2. 若不团结，任何力量都是弱小的。

　　　　　　　　　　　　　——［法］拉封丹

3. 应该尊重彼此间的互相帮助，这在社会生活中是必不可少的。

　　　　　　　　　　　　　——［苏联］高尔基

4. 合伙的人不一致，事业就要搞得糟糕；虽然自始至终担心着急，还是一点进展也没有。

　　　　　　　　　　　　　——［俄］克雷洛夫

5. 共同的危险会联合起甚至最不共戴天的仇敌。

　　　　　　　　　　　　　——［古希腊］亚里士多德

6. 人们在一起可以做出单独一个人所不能做出的事业；智慧、双手、力量结合在一起，几乎是万能的。

　　　　　　　　　　　　　——［丹麦］韦伯斯特

7. 不管一个人的力量大小，他要是跟大家合作，总比一个人单干能发挥更大的作用。

　　　　　　　　　　　　　——［英］塞缪尔·巴特勒

8. 单独一个人可能灭亡的地方，两个人在一起可能得救。

　　　　　　　　　　　　　——［法］巴尔扎克

第三章

小小发明家

◁ 第四章 ▷

Newton

坎坷求学路

应当把荣誉当作你最高的人格的标志。

——［英］牛　顿

▶ 读书的日子

金格斯中学——始建于 1329 年，有着严整的教育体系，曾培养了许多人才。

在绿树掩映下的金格斯中学，透露着百年老校的风骨。牛顿看到第一眼就喜欢上了这个地方，觉得这就是他期望的地方。

12 岁的牛顿在此开始了他的中学时代。开始的学习生活并不顺利，生性孤独、沉默的牛顿来到这个陌生的地方，真有些手足无措。在同龄人中，他是那么普通，默默无闻，老师提问时他总是保持沉默，无论他是否知道答案。如果按当时周围人对他的了解判断，没人能估量出日后他会有那么大的成就。

有些科学伟人在少年时代就显现出超人一等的天才资质，牛顿却显得那么平庸。有时候常常由于平庸得过分而遭到嘲笑，他刚入校时的学习成绩是较差的，被编入同年龄组里的低等班，并且在班级中学习成绩还一般。与同龄人相比，牛顿是独特的，无论做什么事他都很认真，具有韧性，仿佛什么困难都吓不倒他。另外，牛顿有很强的动手能力，喜欢做手工，用他超强的动手能力把各种想法变成现实。

在这"平庸"里，牛顿独自在自己的世界中畅游着，带着他特有的倔强和执着。

有些时候很平淡，在稀疏平常的日子里的一些良好习惯，不知不觉中铸就了成功的万仞之山。牛顿经过了初来时有些紧张的情绪后，不知不觉中渐渐平静了下来，并成了自己习惯的生活。

在平静里牛顿按照自己理想的方式生活着，这个自小便失去父爱和母爱的孩子显得有些早熟，在别人的眼里他显得有些安静和沉默，从没有过同龄人都渴求的玩伴，同龄人的游戏也没有吸引他，虽然这对于他这个年龄的孩子来说应是难以容忍的。那他把少年的热情都释放到哪里去了呢？原来他在克拉克先生家的书房中找到了乐趣，读书成了他又一个兴奋点，他对此是那么沉迷，有时候近乎是痴狂。在日后的生活中，牛顿也始终对读书有着难以丢弃的挚爱，它已成为一种习惯，将它培植在其生命中。

牛顿是幸运的，幸运的是他遇到了克拉克夫妇这对善良、热心的房东。在这里，克拉克夫妇给了他作为寄宿客所能想象到的所有自由，他在自己的空间中弹奏着自己内心的音符。

夜色已深，牛顿还没有睡，他在桌前安静地看着书。

在周围邻居的印象里，仿佛克拉克家阁楼的这间房间的灯一直都是亮着的。摇曳灯光下，牛顿沉浸在书本里，思绪伴着文字交响着，心灵酣畅着，不知不觉间时间流走了。阵阵夜风从窗外吹来，挟一些凉意，牛顿不禁拉了拉衣襟，目光顺着窗外望去，窗外点点星光。这点点星光映在灰暗的夜空中，显得那么空灵、悠远。这空灵、悠远不禁引起牛顿一阵阵的哀伤，透过夜空他想到了远在天堂里的父亲，在牛顿的记忆中父亲只有想象，外婆说他应该在天堂。

星光依然是闪亮的，在遥远的空灵中父亲会不会也像其他人的父亲爱儿女一样关注着他这个孤独、弱小的生灵？想到这里牛顿的眼中不免有了点点泪光，遥望远方，仿佛那天边的星斗也同样带着哀伤。

"啊，那个像柄长剑，那个像个仙女，哦！那个像头狮子……"

"好像在哪里看到过有关写星星的书！"

牛顿急急地冲出门，向一楼的藏书房跑去，转而又蹑手蹑脚，因为他怕在深夜中惊醒早已沉睡的善良的克拉克夫妇。

时光飞速地流转着，牛顿的阅读范围早已超过了课堂所学的知识范围，他的学识也得到了同龄人和师长的认可。

▶ 放弃学业返乡

在金格斯度过的这段中学时光是牛顿一生中最快乐幸福的，在这里他已完全适应了生活并且找到了自己理想的生活状态，学校的课堂、藏书的阁楼、自己的卧室兼手工作坊，这里的每一天都是充实快乐的，就像是贪财的人发现了无主的宝藏一样，觉得离开一秒都有一种心痛感。牛顿在这里度过了一年多的时光，在这一年里发生了许多事，有些事充满了戏剧性。

人的成长也需要机缘，牛顿在这所学校里结识了一位对其一生的命运有着重要影响的良师，他就是牛顿就学的中学校长亨利·斯托克。斯托克校长以他几十年的教学育人的经验和超出常人的伯乐眼光发现了牛顿。牛顿在学校里的表现在一般人的眼里未必是那么出类拔萃，在刚入学时他被编入了低等班，成绩也是一般。后来成绩虽然有很大提高也只能说是个优等生而已，但是斯托克校长却一直默默地关注着这位他认为是他教过的最优秀的学生。

牛顿的母亲在他进入中学不久后便回到了他的身边，这有些出乎他的意料，母爱又重回身边，又是这么突然，即使是他希望的也一时接受不了。母亲归来的原因是继父的去世，牛顿曾深深地嫉恨过这个人，在记忆里是他夺走了他应有的母爱，记得小时候，每当他问起母亲的去向时，外婆都说去了很远的地方。但此时他早已明白，很远的地方其实就在沃尔索普村的邻村，童年灰色的记忆使他在接受母亲回来的现实上费了很大的劲。但时间的流逝改变了一切，一年的时光里他渐渐地接受了母亲的回来和母亲带回的弟弟、两个妹妹，融入了这个他既向往又有些陌生的家。

起初，汉娜还能勉强维持生活，每到周末，牛顿都回到家里与家人团聚。但这样的日子持续不到一年，体弱多病的汉娜就支撑不下去了：既要照顾两个幼小的孩子，还要管理牛顿的父亲和继父遗留下来的田地。

汉娜累病了，倒在床上，望着两个未长大的孩子，眼中满是泪水。她一边抚摸着孩子们的头，一边望着窗外沉思。想到田地里的农活没人照料，情不自禁地说："要是你们的哥哥在家就好啦！"

的确，汉娜多么希望牛顿能在身边，帮助她料理家务啊！因为她相信：儿子无论做什么事，都一定是很出色的。

体弱多病的汉娜好不容易盼到周末牛顿回家，望着儿子那充满稚气的笑脸，想到儿子的前途，她又没有勇气讲出自己的想法。

于是，在牛顿离家的时候，她还是像往常一样，给他带上吃的东西，并把他送到村口的老树下，直到儿子的身影完全消失，她才满怀忧伤地走回家。

后来，汉娜感觉在持家方面实在有些力不从心了，真心希望这个家里的长子能够回来帮一把手。其实汉娜是以一个能干的农村妇人和善良的母亲的心态，为这个自己深感歉疚的儿子考虑着长远的未来。她决心把自己继承的和经营的村里人认为可观的家产留给牛顿，而此时最应做的是尽早把牛顿培养成一个合格的农场主，好让他不仅继承这份家业，而且把这份家业发扬光大。于是在儿子走后不久，她怀着惴惴不安的心情，求人给牛顿写了一

封信。信中委婉地写道：

"亲爱的儿子，以前因为你还小，所有家事都由我一个人来照料。但现在我已经疲惫不堪，实在不能再支撑下去了。你已经16岁了，村子里像你一样大的孩子，大都已经像成年人一样在劳动了。何况，你又多读了四年中学，应该能比他们做更多的事情。我非常希望你能够回家，帮助我料理田地里的事，但又于心不忍……"

牛顿反复读着母亲的来信，沉思了好长时间，他知道，母亲是多么盼望自己回家呀！

尽管不愿意放弃日益感兴趣的学业，可一想起日夜劳累的母亲，牛顿最终还是下定决心，收拾行李，准备起程。

母亲去接牛顿的那一天，斯托克校长恳切地希望汉娜能好好地考虑考虑，因为他认为牛顿是个可塑之才。然而比儿子还倔强的汉娜毅然地拒绝了斯托克校长的请求，坚定地要求带着心爱的儿子踏上返乡的旅途。

斯托丽对牛顿恋恋不舍，在她心里，已经滋生了一种说不出来的感情。牛顿又何尝不是如此？临走前，他将风车、水钟和小木偶都留给了斯托丽。

"做个纪念吧。"牛顿眼泪汪汪地与斯托丽道别。

他无限深情地回头看着金格斯镇，看着药店，看着痛哭失声的斯托丽，想着关爱他的校长和老师，想着在学校里学到的法文、拉丁文和数学……牛顿哽咽着……

在这回乡不远的路程上，牛顿的思绪是烦乱的，空气中仿佛都弥漫着他的思维，迷茫中也许除了母亲的选择没有其他的道路可以走，但仿佛还有一种莫名的冲动在心底沉沉地压抑着，致使他在返乡的路途上心情一直不好。他不知道未来的道路会是什么样的，他也不再去想了，只有伴着这悠悠的马蹄声烦闷着。

沃尔索普到了，这熟悉的白石头小楼、熟悉的树林、熟悉的小溪，又将朝夕与自己为伴了。当牛顿背着行李踏进家门的时候，他暗暗下定决心，虽然不能上学了，但也要珍惜大好时光，一边干活，一边读书。

▶ 在家务农

汉娜看到自己的儿子放弃学业回到家后，心里很是欣喜，仿佛看到了儿子的未来庄园主的形象。劳累的汉娜肩上的担子也轻了不少，她按部就班地按自己的计划培养着这个财产继承人。十几岁的牛顿在这个缺少男主人的家庭里也被大家自自然然地当作成熟的男人对待，按照母亲的要求他要为弟弟妹妹们树立榜样，要逐渐地承担起这个家里里外外的大小事情，农民或是一个小庄园主的生活开始了。

早上起来，牛顿要随着家里人到地里去干活，伴着东升的太阳，牛顿随着母亲和几个雇工来到了田地里。虽然他已经度过了几天这样的日子，但他实在是觉得这种工作有些乏味。当然除了已远离农村生活有一段日子，有些不适应农村的生活外，更使他难以容忍的是在乡村的贫乏的精神世界，人一旦精神世界没有了寄托，状态是可以想象的。本来就沉默寡言的牛顿此时更加没有什么话，面对大家更多的时候报以的是沉默。

当农活间隙时，农夫们惬意地享受着这短暂的休息时间，互相之间的说笑传过田地，洒向天边。而此时的牛顿静静地躺在树荫下，仿佛根本没有听见大家的说笑，眼睛直直地看着远方，陶醉在自己想象的世界中。日子一天天地过去了，汉娜却发现牛顿总是一个人在沉思默想，不知是什么让他神魂颠倒，于是看在眼里愁在心里。

汉娜已经不止一次发现，她的儿子对书入迷的程度，远远超过了对地里农活的兴趣。

"哎，放羊的活计较轻，还是让他去放羊吧！"汉娜心想。

放下锄头拿起羊鞭的牛顿在空旷轻盈的绿草地上更加自由地放飞着自己的思绪，在他眼里，想象的世界要比他所见的一切都吸引人。放牧人的生活要比农夫的生活更适合他，在他的逻辑里羊吃草是羊自己的事，每每牛顿把羊赶到草地上后，他便放下鞭子靠在树荫里进入他的习惯性的思维，羊儿也好像了解到了这位主人的习惯，一到目的地便欢快地自顾吃起草来。

"哥哥！哥哥！妈妈叫你呢！"

"好像我们家的羊把邻家农田的苗吃了，快点，哥哥！"

好多次邻居找上门诉苦说她家的羊跑出来了，见什么吃什么，汉娜只好赔礼道歉，从薄薄的钱包里数出钱来赔偿人家。而放羊的牛顿此时正在专心致志地读书。

"儿子，你读的是什么书呀？"汉娜皱着眉头问。

"都是好书，您放心。瞧，这是数学，是著名数学家笛卡尔写的，这本是有关天文学的书。"

"天文学？什么是天文学？"汉娜不明白。

"天文学，就是讲太阳、月亮和星星的学问。"牛顿耐心地说给母亲听，"就拿托勒密的天文学来说吧，他主张地球是宇宙的中心，太阳、月亮和所有的星星都围着地球转。"

汉娜不以为然："这不是谁都知道的事吗？太阳出来，天就亮了，太阳落下，天就黑了，这还用得着写这么厚的一本书吗？"

牛顿笑了："不，没那么简单，你说，为什么月亮有圆又有缺？为什么同是太阳，夏天要比冬天热得多？为什么冬天的白天比夏天的白天短？"

汉娜回答不出，只能摇摇头。

牛顿又指着一本很厚的书说："这一本是丹麦人第谷的天文学著作，他主张地球是宇宙的中心，太阳和月亮围着地球转，而火星、金星、土星、木星和天上那么多星星都围着太阳转呢！"

汉娜更糊涂了："哎哟，那么多星星多麻烦啊！"

牛顿接着解释说："波兰人哥白尼主张太阳是宇宙的中心，地球、火星、土星、木星等一切星星都围着太阳转……"

汉娃忽然打断儿子，问道："说了这么多，那万能的上帝在哪里？"

牛顿虔诚地说："在天上，也在我们的心里。"

汉娜担心地看着那几本书，劝儿子说："你读书，可不要读那些异端邪说，让魔鬼迷惑了你。你的爸爸、妈妈、舅舅可都是规规矩矩的基督徒啊！"

牛顿回答："放心吧，妈妈，我只不过想多明白些道理，而一切道理都是为了证明上帝的存在。"

汉娜这才放了心："好吧，这样我就不担忧了。不过，你要多把心思放在农活上。"

"嗯！"牛顿嘴上虽答应着，心里却在盼望能有更充足的时间让自己去读更多的书。

有些时候，命运的错位就是这样让人哭笑不得，艾萨克·牛顿肯定不是一位像样的农民，几年后的牛顿在自己的"罪行簿"里记述了自己的过错行为。他有些"嫉恨母亲"，并且拒绝听她的话到地里干活。此时的牛顿要么用各种工具刻着模型，要么沉醉于各种幻想中，农场的生活使他陷入深深的痛苦和挫折当中。

成长关键词
求知、严谨、博学

▶ 学做生意

汉娜看到儿子没有长进，也同样陷入了痛苦之中，做农民不行可以让他学做生意，如果让他做个小农场主未必要学会种田和放羊，如果学会做生意也同样可以料理好这份遗产。想到这里，她便把去城里卖农产品的活计交给了牛顿，并且还让一个老雇工与他一起干这项"事业"。

牛顿初始时心情还可以，因为他如果去卖东西的话便有了去城里的机会，这正是他希望的。在出发前的日子里牛顿还用他固有的灵性发明了一种新式四轮马车，马车与众不同的地方就是车辆的驾驭方式很特别，不用缰绳只用一个手柄就可驾驭马匹。当然这种方式只能说是独特的小玩意儿，而不能作为一项伟大的创造，因为经过实践检验它没有流传下来，但在当时村中却引来阵阵喝彩声，牛顿就是驾着这架马车与老雇工一起往返于镇村间，实现母亲把他培养成生意人的愿望。

牛顿生性倔强，但那是出于他的本性，并不是对母亲善良愿望的恶意相伤。初到镇上的牛顿头脑里不由自主地呈现出克拉克先生的藏书阁楼，也许回乡的烦闷就是缺了这些精神寄托，心底的河已不再流动，因此才这么压抑。

集日到了，妈妈让牛顿赶着马车去金格斯镇卖菜。进了镇子，牛顿看着药店那熟悉的大门，忽然想起一件事，便对同伴说："你帮我把菜卖了吧，我在这里等你。"说着，一步跳下了马车。

就这样，刚到镇上的牛顿便跑到了克拉克家。

"是你？"斯托丽又惊又喜地对冲进来的牛顿说。

"你好！"牛顿高兴地说，"我想借一本书看看。"

"当然可以了，你随便挑吧！"斯托丽热心地领着牛顿上了楼。

坐在熟悉的小桌旁边，牛顿拿起想看的书，全神贯注地读起来。

斯托丽想和牛顿聊聊天，她问了一句又一句，牛顿总像是没听见。她只好坐在旁边，看着牛顿读书。

一个小时，又一个小时，不知不觉，天暗了下来。外面有人高声喊着牛顿，催他该回去了。牛顿这才抬起头，对斯托丽说："我将书借回去看看，行吗？"

斯托丽笑了："行啊，记着，下次赶集你一定要再来哟！"

吃晚饭的时候，母亲和外婆问起牛顿在集市上的情况，弟弟、妹妹也让他讲讲镇上的新鲜事儿，牛顿支支吾吾，什么也说不上来。

吃完饭，牛顿马上回到自己的房间，一直读书到深夜。

以后每次赶集，牛顿除了去药店借书，还要到书店买几本书带回家。

有一次，因为借的几本书还没读完，马车离开沃尔索普没多远，牛顿就跳下车，对同伴说："你去赶集，帮我把菜卖了吧，我在这里等你。"不管人家愿不愿意，牛顿一头钻进树林，坐在地上读起书来。

老雇农早已接到了女主人的叮嘱，看着少年老成的牛顿也是无可奈何地摇了摇头。从此集市上便多了这么一道独特的风景，两个人，一老一少，日出而来，老的准备卖菜，少的去借书；日暮时，老人收拾好未卖的各种农产品叫上躲在远处树下看书的年轻人而归。

时间就这样流逝着，牛顿在自己的世界里陶醉着，除了这点愿望他再也没有其他的多余的要求。每当从克拉克家借完书回来后，他便心无旁骛地在树下捧着书，完全沉迷于其中。

牛顿与众不同的行为引起了他的舅舅威廉·艾斯考夫的注意，他的舅舅曾就读于剑桥的三一学院，现在是当地一名有名的牧师。在威廉的眼里，牛顿是个很有个性的孩子，特别是一次不期而遇更使他对这个外甥另眼相看。那是一个夕阳西斜的夏日的黄昏，威廉在参加城里的一次教务活动后，信步走在街区的石街路上，熙攘的街道似乎有些吵闹，于是不远处的那片小林荫吸引了他。威廉踱过几个人，来到了林荫下，他的眼光定住了。在树荫下一座石像一般的人，仿佛除了他的思维在活动外，其他的都是静止的，就连呼吸都叫人难以觉察。威廉被这个看书的少年吸引了、震惊了，而后又是一阵阵欣喜、骄傲，因为那个被书迷得如痴如醉的少年就是他的外甥艾萨克·牛顿。

"对知识如此热爱的人能够成为什么样的人物呢?"威廉的思绪也定住了。

此时的牛顿是平静的，以至于在书的世界中他沉入得那么深，仿佛在那里他拥有了全世界，但是当他回到现实中时他的心灵又是沉重的，因为这里没有他想要的世界。在理想的期盼和现实的乏味中，牛顿沉默地品味着生活给他的味道。

▶ 在风雨中行走

牛顿辍学在家务农的那一段时间，政局动荡不安，老百姓的生活非常困苦。1658 年 9 月 3 日，一场罕见的暴风雨侵袭了英格兰，沃尔索普这个小村也同样浸在风雨中。山洪暴发，河水到处泛滥，许多房屋被冲毁，大树被连根拔起。狂风怒吼，远近的一切都仿佛要顺着一个方向飞出去。

这天，沃尔索普小村狂风呼啸，连粗壮的树枝都被刮断了，人们吓得躲到屋里不敢出来。牛顿家的房子也在风雨中摇晃着，好像要倒了似的。前院后院的件件物品更不用说了，前前后后的一件一件地加入了风的行列。

牛顿站在窗前，心里想：这么大的风究竟能有多大力量呢？它的速度有多快？能用什么办法测量出来呢？

汉娜这个中年人也是头一次见到这么大的风，这个一家之主忙乱地在风中抢救着家里的一切。勤快的汉娜冒着狂风艰难地穿梭着。

这时，汉娜听见仓库的门哐啷哐啷地响个不停，"哦，艾萨克！快帮我把后院牲畜圈的栅栏关紧，一旦吹开，牲畜就跑出来了，快！"牛顿答应一声，出去了。

经过一段时间的"战斗"，汉娜终于把一切都安顿好了，拖着疲惫的身体，艰难地回到了房中。

"啊，艾萨克呢？"

汉娜望着脸上略带着些惊吓的艾萨克的弟弟、两个妹妹，有些茫然。

"艾萨克上哪里去了？我让他去关牲畜栅栏门，应该早回来了。"

"哥哥一直没回来，他会不会出事呀，妈妈？"

这句话使汉娜的身体不由自主地一震，恐惧战胜了疲惫，过了半个小时，牛顿还没有回来。汉娜有些担心，她不顾一切地再一次冲出家门去寻找艾萨克。

仓库的门已经被狂风刮倒在地上，门上的锁链也被刮断了。可是，牛顿在哪里呢？当她来到后院时，眼前的一幕使她惊呆了。

　　她的倔强的儿子，在暴风雨中，一会儿逆风跑，一会儿顺风跑，登在石阶上，一会儿顺风跳，一会儿逆风跳，然后立刻蹲到地上，在自己的脚后放上几块石头。当又一阵大风刮来时，他又扭过身，顺着风势使劲一跳，然后又立刻蹲下去，在脚后跟那儿摆上几块石头做记号，并开始测量。为了接受更大的风力，他索性敞开了斗篷，奋力向上跳跃。然而天公却不理会他这些行为，狂风夹着雨水疯狂地泻在这并不强壮的身躯上，在风雨中那张本来清瘦的脸孔显得更加可怜，叫人心疼。但此时的牛顿那双执着的眼睛在风雨中却是越发的明亮，他早已忘记了寒冷，忘记了恐惧，更把回家的事忘到了脑后。

　　汉娜伫立在这别样的天气里，心中满是困惑。她忽然觉得儿子既熟悉又陌生，觉得孩子古怪的行为一定是有原因的，但她又无论如何也找不到原因。

　　"你在干什么？"汉娜大声问。

　　"我在测风的力量和速度。"牛顿两眼放光，向母亲解释说，"我知道自己的体重，又知道逆风跳和顺风跳的距离，我想求出……"他的下半截话被风声湮没了。

　　"可是，你关门了吗？"汉娜伤心地指着仓库门，刮坏的不只是门，还有那些没关好的窗户都已经被风刮得摇摇欲坠。

　　"我、我……"牛顿搔着后脑勺。

　　唉，让儿子来关门，他却去测风力，这哪是干农活的料啊！

　　其实，牛顿的行为对其本性而言是再正常不过的了，他是被这大自然的威力迷住了，他想看看这大风到底有多大威力，不仅是在感觉上，更在数量上。他首先在一定时间里迎着风跑，再在同样时间里顺着风跑，看看两者的差距。

　　同样，他迎着风奋力起跳和逆着风起跳，看看顺风和逆风到底能相差多远。他被自己这简单的信念支配着，重复着这简单的实验，一次、十次、百次，感觉不到雨水、狂风和不远处被惊呆了的母亲，忘记了寒冷、恐惧和母亲交给的加固牲畜栅栏的任务……汉娜并不知道，牛顿所做的，恐怕是人类历史上第一次对风力和风速进行测量的物理实验。

人生有些时候是有些戏剧性的，如果你在命运面前低下了头，那么你对命运之神的最坏的"希冀"也就离你不远了，它将要和你不期而遇了。少年牛顿不可能像一位老者那样，在遍历人生的千种际遇、百种滋味后，才对人生的道路做出清晰的选择。

他还没有认清自己的命运，不会想到自己日后会有如此的成就，但他发自内心地对自然之谜的向往、热爱，支配着他求知的道路，任何藩篱也不可能阻挡。

成长关键词

↓

求知、严谨、博学

名人名言·读书

1. 好读书，不求甚解。每有会意，便欣然忘食。

　　　　　　　　　　　　　　——〔东晋〕陶渊明

2. 读书好，多读书，读好书。

　　　　　　　　　　　　　　　　　　——冰　心

3. 读书志在圣贤，为官心存君国。

　　　　　　　　　　　　——〔明末清初〕朱用纯

4. 读书以过目成诵为能，最是不济事。

　　　　　　　　　　　　　　——〔清〕郑板桥

5. 读书是易事，思索是难事，但两者缺一，便全无用处。

　　　　　　　　　　　　　　　——〔美〕富兰克林

6. 读书使人充实，思考使人深邃，交谈使人清醒。

　　　　　　　　　　　　　　　——〔美〕富兰克林

7. 读书时，我愿在每一个美好思想的面前停留，就像在每一条真理面前停留一样。

　　　　　　　　　　　　　　　　——〔美〕爱默生

8. 光明给我们经验，读书给我们知识。

　　　　　　　　——〔苏联〕奥斯特洛夫斯基

9. 读书是我唯一的娱乐，我不把时间浪费于酒店、赌博或任何一种恶劣的游戏。

　　　　　　　　　　　　　　　——〔美〕富兰克林

10. 不读书的人，思想就会停止。

　　　　　　　　　　　　　　　——〔法〕狄德罗

　　胜利者往往是从坚持最后五分钟的
时间中得来成功。

——〔英〕牛　顿

▶ 群星闪耀

牛顿生活在一个群星闪耀的时代。15 世纪中叶，那是牛顿出生前大约两百年以前，往前追溯 5 世纪后期的一千多年的漫长时期，控制欧洲文化的是基督教。历史上把这段时期叫作中世纪。

中世纪的学术都是以基督教为中心、以神学为基础的，一切学术活动都是根据《圣经》来解释的。所有违反《圣经》教义的学说，都被基督教会视为异端邪说，不仅学说要被取缔，就是学说的提出者也会遭到教会的残酷迫害。

中世纪后期，以意大利为中心兴起了文艺复兴运动，这个运动逐渐发展到整个欧洲。文艺复兴结束了以神为本的文化，进而建立了以人为本的自由文化，并为这种文化的成长奠定了良好的基础。这个时期意大利出现了伟大的艺术家、科学家和发明家达·芬奇。进入 16 世纪中后期，波兰科学家哥白尼提出了地动说。紧接着，丹麦天文学家第谷、德国天文学家开普勒、意大利科学家伽利略相继出现。他们都对天文学做了卓越的贡献。

宇宙浩渺无边、深邃神秘，关于它的构造人们有着种种的假说和推测。限于当时的认知，关于宇宙存在着两种截然不同的观点：一种观点认为地球是整个宇宙的中心，以太阳为首的所有的星球都围着地球转动，这是天动说；另一种观点认为太阳才是宇宙的中心，地球是围绕太阳转动，这就是地动说。

天动说和《圣经》的说法相同，所以中世纪时期，人们对此深信不疑。《圣经》里这样写道："地球是宇宙的中心。上帝为了照亮白天，造了个太阳；为了照亮黑夜，又造了个月亮。"正因为如此，凡是提倡地动说的学者都受到了教会的迫害。意大利哲学家布鲁诺为了宣传无神论和宇宙无限论，被教会极其野蛮地烧死在罗马的百花广场。即使像伽利略这样的科学家，也长期受到教会的压制。

1543 年，也就是牛顿出生 100 年前，哥白尼进行天体观测时，提出地球围绕太阳旋转的设想，可以透彻地说明天体运动的规律。这种学说认为地球是个圆形，以连接南北两极的地轴为中心，一天旋转一周，叫作自转。由于地球自转，所以人们可以看到太阳每天从东方升起，又从西方落下。除此之外，地球要用一年的时间围绕太阳一周，这叫公转。由于四季的不同，天上的星星也在不断地改变自己运行的规律。这就是因为受地球公转影响的缘故。

达·芬奇

开普勒

成长关键词

求知、严谨、博学

16 世纪后半期，出身于丹麦贵族的天文学家第谷在国王的帮助下，建造了一座天文台。他在那里进行了长达 20 年的观察，准确地记录了火星等行星的运行和恒星的位置。他是一位出色的天文观测家。可惜，他对天动说深信不疑，这大大限制了他学术的发展。第谷死后，他的助手开普勒继承了他的事业。开普勒又花费了 25 年的时间，结合第谷的观测结果，发现了著名的开普勒三大定律。第一定律：所有行星的运行轨道，都是椭圆（长圆）形的，而太阳则是它们的焦点。第二定律：同一个行星的运行速度离太阳近时速度则快，离太阳远时速度则慢。第三定律：行星围绕太阳公转一周，离太阳越远的行星，所需要的时间就越长。它的公转周期取决于太阳至该行星之间的距离。

在开普勒的同一时代，意大利的科学家伽利略也在进行着研究，他开动脑筋，制成了一架望远镜，并用这架望远镜观测天体，发现了月亮的山脉、太阳的黑子、土星的星环、木星的四个小月亮等。尤其是他发现的木星的四个小月亮围绕木星运行这一现象，和哥白尼等人所提倡的地动说完全相似，这就使更多的人坚信了地动说的正确性。

与伽利略、开普勒差不多同一时代，英国哲学家培根创立了唯物主义的经验论，引发了一场思想革命，使其成为近代实验科学的真正始祖。

除此之外，也就在同一时期，英国医生哈维发现了血液循环，法国数学家笛卡尔创立了解析几何学……

这是一个真正的群星汇聚的时代，也是一个群星闪耀的时代。牛顿赶上了这个时代，他能否成为一颗冉冉升起的新星呢？

▶ 剑桥大学

1661 年 6 月，牛顿告别了母亲和弟弟妹妹们，独自前往他一心向往的剑桥大学三一学院了。英国的大学都是由几个不同的学院组成的，牛顿进的三一学院隶属于剑桥大学，是英国各学院中最大的一所。

三一学院是在亨利八世时，合并数所学校而成。校舍是用美丽的茶色砖建造的，屋顶上有许多小塔，显得古典而优雅。整座校园弥漫着一股古典浪漫的气息，令人心驰神往。尤其那座于1518年至1535年间建造的大门，更是雄伟壮观，使人惊叹不已。

开学时，牛顿满怀兴奋地走进大门，宽广的校园使他不自觉地感到心胸顿然开阔了许多。道路两旁绿树郁郁成荫，碧毯一样的草地中央，有个喷水池，水柱高高地喷洒下来，草地上有三三两两的学生坐着闲聊。牛顿沿着铺满碎石子的小路，四处观赏着校园的美景，不知不觉来到了一座礼拜堂的门口，礼拜堂门前塑有许多雕像，每座雕像的下方都有块牌子，上面有雕像的简介文字。牛顿一一看完那些简介后，才知道凡是毕业后，在社会上有伟大成就的校友，校方就会为他塑造一座大理石像以作为纪念。牛顿望着那些雕像出神，责任感和荣誉感顿生，他暗自下决心，绝不使学校和关心他的人失望。

牛顿是以工读生的身份进入三一学院的，他一方面要为教授跑腿，一方面还要看自己的书，简直忙得喘不过气来，所以他的大学生活根本谈不上多彩多姿。不过，进入大学后最令他感到吃惊的是，他感觉自己的学识太浅薄了。

在高中的时候，牛顿被认为是一个高材生，他自己也以此为豪。可是，这里全都是来自英国各地的优秀人才，一个在偏僻的沃尔索普长大的乡下佬，又哪能和他们相提并论呢？牛顿并不因此而感到自卑，反而更加努力地读书。当时，因为学校所用的课本，全都是用拉丁文写的，所以拉丁文是所有功课中最重要的一科，其他还有希腊文、希伯来文、古代史等。牛顿在皇家学校时，曾对这些科目都下过一番苦心，所以他一点儿也不担心。大学功课中他只担心数学一科，但在他的努力下，他最害怕的数学却成为他最得意的一门功课。

17世纪时，科学在剑桥并不受重视，学者们讨论的主题也大部分集中在哲学与神学上，甚至还有许多迷信。首先在剑桥提倡科学新风气的当推巴罗教授，他是一位著名的数学家，同时也是带领牛顿进入数学与光学领域的师长。当时剑桥大学的教学方式不是由教授直接讲解，而是由学生自由研究，助教与教授仅在旁边予以适当的指导。

刚开始时，助教给牛顿做的研究题目是桑道生的"逻辑学"，这个题目牛顿就读皇家学校时，已经有深入的研究了，所以做得比助教还好。下一个题目是开普勒的"光学"。有一天，牛顿到剑桥镇近郊的司脱桥市场购物时，在一个书摊上看见一本有关星术的书。星术是利用天体星辰的运作，占卜人的命运和吉凶，后来成为发展天文学的基础。牛顿翻了翻书，觉得内容很有趣，便将它买下了。当他读完这本书以后，才知道想要将天体数字明白地表示出来，还必须具备三角的基本知识。于是，牛顿又买了一本英译的欧几里得的《几何原理》，终于获得了问题的答案。

不过，由于这本书写的都是一些很普通的原理，牛顿读到一半时，认为没有多大意义，就将书搁在一旁，不再去看它。牛顿放弃《几何原理》后，改读笛卡尔的《几何学》，这本书的内容比《几何原理》要难得多。他先将全书大略看一遍，有了粗浅的概念后，再重新做更深入的研究，如此反复钻研。牛顿这次可真是犯了很大的错误，因为欧几里得几何学的优点，就是以简单的公式和定理为基础，再逐渐解决其他困难深奥的问题。后来，牛顿自己也承认："当初没有彻底研究欧几里得的几何学，是我最大的错误。"

的确，一切的学问都必须从简单的做起，就如地基没有打好，便不能建造出伟大的宫殿一样。

▶ 调换寝室

成长关键词

↓

求知、严谨、博学

经过童年的打架事件后，牛顿知道了努力学习的重要性。可是他的性格中还保留着由于过早失去父爱、失去母爱而造成的孤僻、不合群、不合"时宜"等诸多不利因素。在剑桥，他喜欢独来独往，并且寡言少语。他的自律性极强，从后来所发现的牛顿的日记片断来看，他对自己偶尔"放松一下"也充满了深深的自责：

"沉迷于扑克牌两次。"

"上小酒馆两次。"

在别人看来十分平常的事，他却一定要记在本子上，以便时时地提醒自己。

剑桥大学的藏书极多，牛顿每天都如饥似渴地埋在书堆里，既为那些哲学高深的论述而欣喜，同时也为自己知识的浅薄而惭愧。他摘抄书中的精彩片段，仔细琢磨、仔细演算，希望自己快一点成熟起来，有朝一日充分地理解、运用、推广、发展大师们的理论。

牛顿在剑桥大学读了四年的书，在这四年中，他只交了一个朋友，那就是约翰·威金斯。

约翰·威金斯和牛顿一样，性格内向却抱负远大。一进入剑桥，他们两个被分别安排到和其他富家子弟共处的寝室，每个寝室住三四个人。那些富家子弟来剑桥只是为了镀镀金，根本不好好学习，他们乐此不疲的是喝酒、打牌、组织舞会或者互相吹嘘自己的风流韵事。

"太吵了，根本无法让人安静。"有一天，牛顿和约翰·威金斯在草坪上相遇，牛顿这样抱怨。

"真的是这样，我觉得这寝室像一个大染缸。"约翰·威金斯深有同感。

"我倒有一个主意。"

"什么主意?"

"不如我们两个人调到一个寝室去。"

"好啊! 好啊!"约翰·威金斯十分赞同牛顿的意见。

于是，他们二人商量好，同时向校方提出了调换寝室的申请，把爱吵闹的学生调开，把他们调到一起。他们没有想到，校长很快给予答复，两个爱学习的人终于如愿以偿。

由于牛顿好学不倦的态度，巴罗教授对他非常欣赏，对他的前途十分看好。巴罗教授把自己曾被赶出英国在欧洲大陆四处游历的生活讲给牛顿听，那些激动人心的冒险故事让牛顿深受启发。巴罗教授还指导他科学思维的方法和实验的方法，牛顿磨出来的用于做光线实验的第一片透镜，就是靠他的指导才得以完成的。牛顿从小就是一个实验家，喜欢研究和制作一些技巧性的东西，把自己的种种构思经过亲手实践，看它能否变为现实。正因为如此，巴罗教授对他设计的一些光学实验十分满意，以至于后来，他出版自己的重要著作《光学讲义》时，还把牛顿找来帮忙。

1664 年，牛顿已是大三的学生了，他在这一年得到了三一学院的奖学金。如此一来，牛顿就不必一面工作一面读书了，他可以把更多的时间用来研究功课。

第二年的一月，牛顿与其他 25 名同学，终于获得了学士学位，完成了大学教育。

Newton

成长关键词

求知、严谨、博学

▶ 广大世界

牛顿大学毕业后，继续留在学校做研究。那年 6 月，忽然传来一则令人震惊的消息：黑死病正在伦敦市蔓延。

黑死病又称为鼠疫，300 年前曾在欧洲流行过一次，使得整个欧洲都陷于恐慌中。黑死病刚开始的时候，会在脚部或腋下长出小的黑斑疮，不久全身皮肤就会变成紫黑色，不用多长时间便会死掉。黑死病从发病到死亡的时间非常短，而且它的传染力很强，当时欧洲几乎有四分之一的人口死于黑死病，简直比任何大规模的战争或天灾所带来的损失还要惨重。

由于英国曾是黑死病流行最严重的地区，全国有四分之三的人口因为感染黑死病而死亡。英国人对那次悲惨的事件心有余悸，所以当黑死病再度流行时，大家都惊恐万分。黑死病不久就蔓延到距离剑桥不远的地方，学校紧急贴出公告，宣布全校暂时停课，要全校师生赶快撤离传染区。于是大家纷纷收拾行李，慌乱地赶回家去避难了。牛顿这时也只好搁下研究工作，匆匆回了沃尔索普。

当他提着行李回到家乡，弟妹们都兴高采烈地来迎接他；母亲看到牛顿学者般的模样，更是笑得合不拢嘴："我们的大学生回来了。"

"哥哥现在和舅舅一样呢！是一个有学问的人。"弟弟妹妹们

更是叫个不停。

牛顿回到家后，并没有中断研究工作，但由于仪器不足的关系，不能继续研究光学了，只好改研究在剑桥已经着手的数学。

牛顿虽然离开了学校，但并不影响他做学问的态度，他认为做学问不能光靠教授讲解或自己看书、实验，还需要深入的思考。他曾经说过："我如果有和其他人不同的地方，便是我能对一个问题集中注意力去思考。"

黑死病一直无法扑灭，当人们以为它已经销声匿迹时，它却又更加疯狂地袭来，学校因此一直无法复课。在这种情形下，牛顿不知不觉中，在家乡已度过了两年的时光。在这两年当中，牛顿并没有白白虚度光阴，反而为他一生中的三大发现——万有引力定律、光学的研究及数学上的微积分，奠定了重要的基础。

在一个炎热的夏日午后，牛顿的妹妹哈娜匆匆地跑上楼去，敲着牛顿的房门说："哥哥，你在看书吗？"

"没关系，进来吧！"

"哎呀！哥哥，你在干什么呀？"哈娜打开门，看见牛顿双手在空中飞舞，便好奇地问他。

"我在赶苍蝇啊！你看，这些苍蝇真讨厌，我刚才一直在专心看书没有注意，你刚刚敲门的时候，我才发现它一直在我头上嗡嗡地飞个不停。哈娜，你知道吗？我觉得苍蝇真是世界上最笨的东西。"

"为什么呢？"哈娜睁大了眼睛，脸上充满疑惑。

"你看，这个房间这么大，它却偏要在我头上飞来飞去，你说它笨不笨呢？"

"哥，大概是你没洗头的关系吧！"哈娜故意开牛顿的玩笑。

牛顿却毫不在意哈娜的话，专心地盯住那只苍蝇的行踪，最后终于在桌上捉到了它。

牛顿像个小孩子一样，高高兴兴地抓着苍蝇走到窗前，把窗户打开，然后对着苍蝇说："苍蝇呀！你可知道在我脑子里有一个广大的世界，现在，你如果飞出这个房间，外面也有一个广大的世界等着你，我们彼此都不要侵犯别人的世界，你说好吗？再见了。"说完，牛顿便把手一放，苍蝇快速地飞了出去。

"哥哥，你没事吧？"哈娜看见哥哥对着一只苍蝇自言自语，有点担心。过了一会儿，哈娜突然像记起什么似的说："哥哥，我差点儿忘了，妈妈要我来叫你下去吃饭呢！"

"你为什么不早说呢？"牛顿笑着说。

"你还说我呢！你看你，光顾着和苍蝇说话，害我差点儿忘了叫你吃饭的事。走吧！不然待会儿饭菜都凉了。"

兄妹俩于是一起下楼吃饭了。

就在哈娜来叫牛顿下去吃饭前，在牛顿的广大世界中，他发现了二次方定理的"无限级数"，因而开辟了高等数学中的新途径——微积分，牛顿把它称为变动率。

微积分的发现，在数学史上是一件惊天动地的大事，但牛顿却不认为那是一种很重要的发现，只是把它当成一种研究的工具，用它来做进一步的研究，因此，并没有将它发表出来。就因为这样，后来在科学界引起了一次前所未有的大论战。

▶ 数学上的贡献

1687 年，牛顿写了一份关于他在 1665 年至 1667 年瘟病流行期间的科学活动报告。在这个报告中，他提到："大约 10 年前（即 1676 年），在和非常博学的数学家莱布尼兹的通信中，我告诉他我发明了一种可以求出极大值和极小值，画出切线并解答类似的数学问题的方法。这种方法应用到无理数上和应用到有理数上同样行之有效。当我读到这一点时（假定已知一个任意多的变数方程求流数，并反过来，已知流数求变数），我没有把方法告诉他。这位著名人物回信告诉我，他也想到了同类型的一种方法，并把它告诉了我，他的方法除了定义、符号、公式和产生数的想法在形式上和我的不一样外，几乎并没有多大的差异。"

从这份报告中不难看出，数学发明也是牛顿的主要成果。

早在古希腊时期，数学已经达到了即使对于今天来说，都是十分可贵的高度。古代的数学家们发明了一种高度发达的数论，一门完整地建立在公理基础上的几何学，扩展了圆锥曲线和三角术，甚至开始了对真正的积分学的研究。但是，从本质上讲，当时的数学还几乎只是静数学，即还是一门常量数学，一直到欧洲早期资本主义阶段，数学才进入变数阶段。从常量数学过渡到变量数学反映了 17 到 18 世纪数学领域中科学革命的特征，而牛顿对此做出了重大的贡献。

一方面，物理概念的形成——动力学的一些基本概念，如质量、动量、力、万有引力、向心力等都是牛顿提出来的。

另一方面，为了解答运动问题，牛顿想发明一种和物理概念有直接联系的数学，这种数学就是微积分的特殊形式。他把它称为流量和流数的理论，现在叫变量理论。

牛顿在他的《自然哲学的数学原理》一书中，曾做过这样的表述："岁月的流逝是客观存在的，不以任何事物为转移。所有的物体都在一个客观存在的空间运动着，而这个空间是不以在空间里的任何物体为转移的。所有的变量都是物理量，而物理量和客观的岁月流逝有因变关系。"牛顿把这些和时间有关的因变量称为流量，而把速度（我们可以说，速度是根据时间推导出来的）称为流数（或者称为增长速度）。这和今天的微积分极为相似。

牛顿的数学发明还有无穷极数理论。1669 年的夏天，他把关于极数展开的研究成果系统地写下来，这就是《用无穷多项方程的计算法》。这篇论文使无穷极数理论成了数学的一个独立分支。大约在 1673 年至 1684 年之间，牛顿在剑桥大学教授数学时，编写了一本教科书——《算术通论》。这是牛顿在代数方面做出的卓越贡献。书中主要讲"记号演算"，即用数学符号求解一元或多元方程和图解方程。牛顿关于方程根和一个代数方程系数间关系的论述，特别有趣。他甚至提出了一些新的独特见解，这就是今天用牛顿的名字命名的幂和公式。

▶ 发现万有引力

　　1666 年秋天，一个晴朗的午后，牛顿坐在院子里一棵苹果树下晒太阳，思索着有关天体运行法则的问题。

　　哥白尼是研究天体运行法则的一个重要学者，他首先发现天体绕着地球旋转的理论是错误的，应该是地球以一个轴为中心自转，同时绕着太阳公转。由于古人认为所有的星球都是绕着地球转的，所以哥白尼的这个学说不但震惊了世界，也震怒了那些信奉旧学说的人，尤其对笃信神意的旧教徒而言，这简直是一个绝不容许存在的邪说。因为哥白尼那时已经去世了，教会便决定严禁他的著作，用以取缔异端邪说。后来，一直到伽利略和开普勒等伟大的科学家出现，才陆续地揭露了天体运行的秘密。此后，地球不是宇宙中心的真理，已是不容否认的事实，但宇宙究竟是根据什么法则运转的呢？

　　牛顿坐在苹果树下，心里一直思索着这个问题，他想：月球是人类最熟悉的一个星球，如果每个星球天体运行的法则都相同的话，只要研究地球和月球的关系，不就都明白了吗？牛顿一面专心地想着这件事，一面享受着迎面而来的凉爽秋风，不知不觉竟然睡着了。忽然吹来一阵冷风，一个苹果不偏不倚地打在他的头上，牛顿从梦中惊醒，睁开眼睛看了看四周，才发现脚边有一个砸烂了的苹果。"哦！原来是这样。"他自言自语地说，并弯下腰把苹果捡起来，摇摇头无奈地笑了一笑。

这时哈娜正巧走过来，看到牛顿拿着苹果苦笑，便挖苦他说："怎么啦？哥哥，又在对苹果说话了？"

"不是，我是在想苹果与月亮有什么不同？"

哈娜于是笑着说："这有什么好想的，它们本来就不一样嘛！"

"是不一样。我刚刚坐在这儿，睡得正香甜的时候，这个苹果忽然从树上掉到我的头上，把我给吓醒了。"

"咦！真有那么巧的事情！"

"哈娜，你知不知道，苹果从树上掉下来的时候，为什么会掉到地上，而不是往天空飞呢？"

哈娜很惊讶地说："这有什么好奇怪的，苹果成熟了当然会往地上掉呀！"

"这又是什么道理呢？"

牛顿看着苹果，心里反复地想着这个问题。

哈娜看见哥哥那么专注的样子，不忍心打断他的思绪，便独自走回屋里去，把牛顿一个人留在院子里。

牛顿坐在树下对着苹果沉思许久，才领悟出苹果之所以从树上直接掉到地上，是因为地球引力的作用。接着他又想：苹果会因为地球引力而掉下来，为什么月球就不会受到地球引力的影响而掉下来呢？而且它为什么还会和地球保持一定的距离运转呢？这是不是因为月亮和地球的距离比苹果和地球的距离大的关系？牛顿百思不解。

一般人都认为牛顿是因为看见苹果掉下来才发现地球引力的，其实早在古代的希腊就已经有学者发现了这个现象。例如，伽利略就曾做过有关地球引力的实验，他把一样东西从高处往地面丢，发现它愈接近地面速度愈快，不但证明了地球具有

成长关键词

求知、严谨、博学

Newton

引力，还因此发现了加速度的法则。

牛顿想，苹果和地球之间有引力，月球和地球之间是不是也有引力存在呢？这个问题一直在他脑中萦绕不去，忽然他想到：小时候曾玩过一种游戏，那是用一条细绳子绑住一块石头，然后把它拿在手上用力甩，石头自然会绕着圆圈打转。如果把手当成地球，把石头当成月球，那绳子

牛顿在苹果树下思考

便成了地球引力，这样就可以了解月球为什么会保持一定的距离，绕着地球转，而不会飞走或撞到地球了。同样的道理，地球绕着太阳运转，也是因为这种引力的关系。

他领悟出这个道理，心里有说不出的愉快，但是他又想到：地球和月球、太阳之间都有引力存在，这种引力会不会因为距离的不同而改变呢？

他这时候忽然想起开普勒的第二法则：假如有一个行星，它环绕地球一周需要 27 年，那么，它和地球的距离应是和太阳距离的 9 倍。

他从这个法则反推回去，结果发现了有名的"逆二乘的法则"，用这个法则可以算出地球和月球之间的引力。牛顿发现了这个法则，便立刻跑回书房，拿出纸笔，用他去年秋天发现的微积分法计算起来。但由于牛顿太过相信自己的记忆力了，因而弄错了地球的半径，以至于一遍又一遍地计算，结果都不符合，他感到失望极了。最后，牛顿不得不放弃计算，无意中抬起他那布满血丝的眼睛望向窗外，才发现天已经快亮了。

▶ 美丽的彩虹

牛顿在故乡过了两年自修的生活。一度席卷英国，夺去十分之一人口的黑死病逐渐被控制住了，1667 年 3 月 25 日，牛顿才又回到阔别已久的剑桥。牛顿一回到剑桥大学，就开始积极研究光学。因黑死病的流行，他的研究被耽搁。如今，他终于可以正式从事光学的研究了。

牛顿回到剑桥大学后半年，1667 年 10 月，就被推选为三一学院的特别研究员，这是青年学生们最向往的荣誉。得到这项荣誉，对牛顿而言意义更为重大，因为母亲在家乡种田的收入仅够维持母亲及弟弟妹妹们的生活，想要寄钱给牛顿便非常吃力。从现在开始，他大可不用再担心经济的问题，能够一心一意地从事研究了。

光学在当时是一门最新的科学，自从伽利略以一架望远镜揭开宇宙神秘的面纱后，将近 50 年的时间，望远镜在整个近代科学的发展中，一直扮演着很重要的角色。因此，有许多科学家都热衷于研究制造更精密的望远镜。

那时候的望远镜不像现在的，它在观测物体的时候，无法集中焦距，而且物体的周围会产生橘红色的光圈。科学家笛卡尔认为那是因为镜头不完备的缘故，当时的科学家也都相信他的这种说法。牛顿便根据笛卡尔的理论，拼命地制造更为完备的望远

镜，但不久他便发现他的努力完全白费了。

牛顿在改良望远镜的同时，也从事有关三棱镜的研究，那是一个很有趣的实验。他首先把房间弄暗，再留出一点点缝隙让阳光通过，照射到挂在墙上的白色布幕上。然后，在光线通过的途中，放置一个三棱镜，结果布幕上出现了一道美丽的七色彩虹。牛顿看了惊讶不已，心想：怎么会发生这种奇妙的现象呢？

经过他仔细研究后，猜想大概是三棱镜打磨得不太规则的缘故，于是又另外做了一个相同的三棱镜。他把新的三棱镜拿来做实验，结果还是一样，他这才确定自己的实验并没有错误。

后来，他又试着把两片三棱镜放在光线通过的途中，结果布幕上出现的却是一道白光。经过这次实验后，牛顿发现：一切的东西透过两面三棱镜的照射后，影像便会恢复原来的样子。

牛顿得到这个结论以后，就在布幕上开了一个洞，在布幕后面另外放置了一个三棱镜，让洞中射出的七彩光线通过，这样再计算各种光线的屈折角度。

牛顿在做太阳光经三棱镜折射实验

可以说牛顿是第一个分解日光的人，为现代光学奠定了基础。他完成整个实验后，归纳结论发现：阳光看起来似乎是白色的，实际上它是由七种颜色混合而成的，而且各种颜色的屈折率都不一样。这一项光学的研究真是伟大的发现，因为那时候光学的研究中，最落后的就是有关颜色的研究。

当时的科学家大多相信阿几斯多尔的学说，他认为色、光和黑暗是可以混合的。另外一位学者笛卡尔则认为宇宙间充满了微小的粒子，光是因为受到粒子的压力。当光接触到物体时，就会发生摩擦而转动，转动最快的会变成红色，最慢的会变成紫色。

　　这些理论好像都有它的道理，但牛顿的实验结果一公布，便完全推翻了阿几斯多尔和笛卡尔对颜色的误解，使人们真正了解了光和颜色的本来面目。光和色的秘密被揭开后，改良屈折望远镜变得没有意义。从前的望远镜之所以不完备，问题并不在于镜片的关系，而在于构造。牛顿了解这一点以后，经过一番研究，发明了内部装置平面镜的反射镜，不但解决了这个问题，而且对天文学的发展有很大的贡献。

　　牛顿除了在光学上有重大的发现外，他还继续从事数学的研究。

　　1669 年 6 月，牛顿把他过去对数学的研究心得，整理出一篇论文，题目是《无限项方程式的解释》，他还特地请他的恩师巴罗教授加以指导。这位开启了牛顿对光学及数学研究大门的著名数学家在看了牛顿的论文后，非常赞赏他的才能，立刻将这篇论文寄给当时著名的数学家哥林斯。哥林斯对牛顿的论文也赞不绝口，但大概因为牛顿年纪太轻，所以他们一直没把这篇论文发表出来。这篇论文就这样被搁置了 42 年，真是一件令人遗憾的事。

　　1669 年 9 月，巴罗教授决定辞去名誉崇高的"卢卡斯数学讲座"的教授职位，并推荐他最赏识的牛顿来继任，他自己则准备专心从事宗教工作。但大多数人对这件事都持反对意见，他们认为牛顿才不过 27 岁，而且他的经验不足，在学术上也没有什么成就。但是，巴罗教授深信牛顿比任何一位科学家都有潜力，况且牛顿对光学、数学的研究更是无人能比。因此，巴罗教授力排众议，深信牛顿必能提高"卢卡斯数学讲座"在学术上的声誉。

　　1669 年 10 月 29 日，牛顿终于获得"卢卡斯数学讲座"之职。这对于 27 岁的牛顿来说，不单是一种崇高的荣誉，而且在经济上

也有很大的帮助。牛顿重回大学时，虽被推选为三一学院的特别研究员，生活上基本不会有什么问题，但因为他做研究时需要购买药品及实验器材设备等东西，所以还是经常缺钱。现在，牛顿担任"卢卡斯数学讲座"之职后，每年可以增加 100 镑的收入，而且他每年只有一学期的课，每星期才上一次课，并不会耽误他的实验工作。

牛顿的专注精神，在科学界是出了名的。有天清晨，牛顿的仆人因为有事要出去，来不及为牛顿准备早餐，便对正埋头研究的牛顿说："先生，我有事出去一下，我在桌上放了一个鸡蛋，等锅里的水开了，你自己把蛋放进去，五分钟后就可以吃了。"

当时，牛顿正聚精会神地计算一些数学问题，脑子里全都是数学，并没有留意仆人的话。不久，锅里的水开了，沸腾的声音惊醒了牛顿，牛顿恍惚记起什么似的，手往桌上随便一抓就丢进锅里，又埋头于他的研究工作了。

一小时后，仆人办完事回来，看见牛顿仍然在专心工作，蛋却还摆在桌上，慌忙往锅里一看，忍不住大笑起来。牛顿听见仆人的笑声，觉得有点莫名其妙，也往锅里看了一眼，自己也跟着哈哈大笑起来，原来牛顿把摆在桌上的手表当成鸡蛋放到锅里煮了。

牛顿因为工作时全神贯注，经常会闹出这一类的笑话，有时候甚至一工作就忘了时间，直到第二天天亮了，才赶紧钻进被窝里睡一觉。他对饮食也不挑剔，早餐只要一杯橘子汁和两片奶油吐司就可以打发，有时候因为做研究，甚至整天没吃饭。就因为他这样专注于工作，所以他还不满 30 岁，便已经满头白发了。

名人名言·节俭

1. 豪华尽出成功后，逸乐安知与祸双。

　　　　　　　　——〔北宋〕王安石

2. 俭朴的生活，不但可使精神愉快，而且可以培养革命品质。

　　　　　　　　——徐特立

3. 贪污和浪费是极大的犯罪。

　　　　　　　　——毛泽东

4. 一粥一饭，当思来之不易；半丝半缕，恒念物力维艰。

　　　　　　　　——朱柏庐

5. 清贫、洁白、朴素的生活，正是我们革命者能够战胜许多困难的地方！

　　　　　　　　——方志敏

6. 简单淳朴的生活，无论在身体上还是在精神上，对每个人都是有益的。

　　　　　　　　——［美］爱因斯坦

7. 节俭是你一生中食用不完的美筵。

　　　　　　　　——［美］爱默生

8. 奢侈只是从他人的劳动中获得安乐而已。

　　　　　　　　——［法］孟德斯鸠

9. 对于浪费的人，金钱固然是圆的；可是对于节俭的人，金钱是扁平的，是可以一块块地堆积起来的。

　　　　　　　　——［法］巴尔扎克

成长关键词

求知、严谨、博学

◁ 第六章 ▷

Newton

旭日东升

> 荣誉不能寻找，任何追求荣誉的做
> 法都是徒劳的。
>
> ——［德］歌　德

▶ 皇家学会的荣誉

1654 年，在伦敦市的基普沙特饭店内，四五个对哲学与科学有兴趣的人常聚在那里，互相交换意见及讨论有关的问题，有名的化学家波义耳就是其中的一个成员。这时候他还只是一个名气不大的青年，他把这个聚会称为"无形的大学"。波义耳后来还在牛津参加了另一个类似的组织，不久他便把这两个团体合并，定期在克列桐学院聚会。

1660 年，这个集会已经颇具规模了，大家于是推选克利斯多·伦博士制定章程，正式组织学会。章程中规定：每周聚会一次，每一个会员收会费 10 先令，每次出席聚会，需缴费 1 先令。当时，对科学非常关心的国王查理二世听到这个消息后非常高兴，也参加了这个学会。从此这个学会就被称为"不列颠皇家科学会"。

皇家科学会在牛顿发明反射望远镜的时候，已经成为世界上最具科学权威的学会。凡是被科学会推举为该会会员的，一定是公认为世界第一流的科学家。牛顿研制出反射望远镜，在当时的科学界，算是一件很伟大的发明。但由于牛顿谦虚的个性，从来不向任何人提起这件事，因此并没有多少人知道这个发明。

巴罗教授自从辞去"卢卡斯数学讲座"的工作后，便在皇家教堂担任祭司的工作。有次他向国王查理二世提起这个发明，查理二世非常感兴趣，便极力邀请牛顿将望远镜送到皇家科学会，让学会会员审查。

　　1672 年 1 月，在一场激烈的审查会后，牛顿终于在沙列斯贝里主教的推荐下，成为皇家学会的会员候选人；1 月 11 日，他顺利当选为皇家学会的会员。牛顿这时才不过 30 岁，就得到这份所有学者梦寐以求的最高荣誉，曾经引来不少人羡慕的眼光。

　　牛顿成为皇家学会会员后，必须常和其他学者做学术上的交流。但从小就独来独往的牛顿，一向不善于与人交往，因此开始时非常不习惯这种生活方式，不过久了以后也就习以为常了。

　　平时，牛顿除了教学及与学者交流，还潜心研究奥妙的光学，不久后这位年轻有为的会员又提出有关光与色本体研究的论文。这篇论文详细说明了颜色是光的本质，相同的颜色折射率也会相同；如果把两种颜色的光混合，就会变成另一种颜色的光。由此证明：白色的光是由许多种颜色混合而成的。

　　论文发表后，许多学者都大吃一惊，同时更引来一场激烈的争辩，其中以和胡克的争论最引人注目。

　　罗巴特·胡克比牛顿大 7 岁，是牛顿在皇家科学会的前辈。他是一位很有才华的科学家，在学术界也有很高的成就，但可惜的是他的虚荣心太强了，他认为只要是科学家，就都是他的竞争者和敌人。当牛顿将反射望远镜的发明提交皇家科学会时，胡克便以尖刻的话说："我承认牛顿的实验，他的假说也很有独到的见解，但那却不像数学定理一样，可以说它是唯一的假设。关于牛顿对色的现象的假说，没有一项是不能否定的。"

　　胡克认为颜色并不是光的本质，白色的光透过三棱镜会变成七种颜色，那是因为光的波动，所以他认为光是一种波。牛顿听说了胡克的理论，便立刻以实验证明，将他的波动理论推翻了。

　　牛顿一向的研究方法是先调查事物的性质，以实验来分析，然后再做说明，并下一个假说。这种严谨的态度，在今日的科学界被视为理所当然的，但却和当时的研究方法不同。当时所用的科学方法是先假设一个原理，再根据这个原理说明一切的现象。如果经由实验证明原理和假设是错误的，也不能推翻原来的假设。

胡克便是采用当时的方法，大胆地做假设，因此很轻易地被牛顿的实验驳倒。当胡克的理论被牛顿推翻后，他恼羞成怒，反而控诉牛顿的理论是抄袭他的学说。这使得牛顿不得不为自己辩驳，他立刻把自己和胡克学说不同的地方，逐条列举说明让大家明了，使得胡克无话可说，这场争论才得以停息。

虽然牛顿和胡克的辩论已经停止了，可是因为许多学者早就很嫉妒牛顿的成就，便趁机对他的其他学说加以批评。刚开始时牛顿还能耐着性子，对那些批评逐一答辩。但他认为再这样继续下去，将会成为辩护的奴隶，并因此浪费宝贵的研究时间，实在是毫无意义。因此，他把全部的时间都花在与争论无关的化学实验上。

这次与胡克的争论，使牛顿对发表自己研究成果的态度更加严谨，因此当时的人们无法第一时间获得这些伟大的成果。

▶ 发明大论战

当纷扰不休的争论渐渐平息后，牛顿才又恢复和学会学者的学术交流活动。

一次，牛顿在与学会的秘书奥丁巴格闲聊时，无意间透露了他那还有未曾发表的数学发明——流量和流数理论。

奥丁巴格惊讶地问道："那是哪方面的新发现？"

"哦！是关于数学方面的，我大约十年前就已经研究出来了。"

这更使奥丁巴格觉得不可思议，马上接口问："为什么不发表呢？"

牛顿解释说："因为当时只把它当作研究的工具而已，并没想到要发表。"

"哦！原来是这样呀！那研究的题目是什么呢？"

"我暂时把它称作流量和流数理论，或者叫变动法。"

变动法？奥丁巴格第一次听到这个陌生的名词。牛顿见到奥丁巴格一脸茫然的样子，立刻解释说："你知道我的恩师巴罗教授？是他发现了在曲线中画切线的方法，变动法就是根据这个原理发展而成的。"

牛顿一面解释，一面用手指蘸着咖啡，运用曲线的原理，在桌上画出直角三角形，并指着直角的两边，继续解释："奥丁巴格先生，变动法的要点，就是这两边的比例。"

"这比例有什么意义吗？"

"举个例子来说，你一定知道利用三棱镜能使光线曲折。不过，你知道它曲折的角度和棱镜顶角的角斜度改变有关吗？"

"这点我知道。"

"变动法就是要计算出，三棱镜必须倾斜多少度，才能使曲折角度变得最小。"

奥丁巴格恍然大悟地说："哦！原来如此，这真是个伟大的发现，你能不能在学会上发表呢？"

牛顿想到一旦在学会上发表，必然又会引起一阵争论，而那又是他最厌烦的事，因此委婉地拒绝了。

奥丁巴格为牛顿感到非常惋惜，因为他现在如果不发表，以后假使有人也发现了同样的原理，并将它发表了，那这个原理的创始者就不是牛顿了。因此奥丁巴格苦劝牛顿，将这个发现概略地向著名数学家哥林斯提出报告，这样就有证据了。牛顿虽然接

第六章 旭日东升

纳了奥丁巴格的意见，但他认为那不是件重要的事，就暂时把写信的事搁置了下来，后来因此惹来许多争议。

过了一段时间以后，牛顿经过一番考虑，为了确保微积分的发明权，还是写了一封信给哥林斯，信中虽然说明了变动法的原理，并且举了运动变动法的实例说明，但牛顿害怕他的发现被剽用，因此对有关变动法的部分，全部都以密码来表示，这些密码即使到目前为止，仍然很少有人知道它的真正意义。

生于德国莱比锡的莱布尼兹，与牛顿并称为当代两大数学天才，19 岁时就获得了法学博士学位。后来因为一篇有关法律的论文，被任命为驻巴黎的外交官。莱布尼兹虽然是一位外交官，但因为他在数学方面很有天分，所以在这一方面也有很高的成就。莱布尼兹驻巴黎以后，结交了一位荷兰数学家霍金斯，两人因为兴趣相投，便共同研究有关微积分的问题。

1673 年时，莱布尼兹到英国访问哥林斯，哥林斯便把牛顿的信交给莱布尼兹看，希望他能对牛顿的变动法做进一步的研究。莱布尼兹看完信后，表示自己工作太忙碌，目前还没有时间从事这一方面的研究，要再等一段时间才能抽空研究，这件事也就因此而没有了下文。

1677 年 6 月 21 日，莱布尼兹终于独自研究出微积分法，他立刻将研究的成果在皇家科学院上提了出来，自此，为了微积分发明权的问题，牛顿与莱布尼兹之间曾展开了一连串的争论。最后，微积分法发明权还是归牛顿。

微积分法发明权虽然仍归牛顿所有，但事实上，莱布尼兹的功劳也不可磨灭。因为他俩的微积分法还是有些不同，而且莱布尼兹所使用的符号反而比牛顿的还要简便呢！

有关发明权的争论实际上是由双方的拥护者们发起、展开的，为此，牛顿和莱布尼兹都非常痛苦。

成长关键词

求知、严谨、博学

1675 年 10 月 27 日，牛顿给莱布尼兹写了一封信，在这封信中，他为莱布尼兹，同时也为世人留下了一个著名的字谜。牛顿借以把流数计算告诉对方，但只讲结果，没有讲方法。字谜是由字母和数字组成的：6a　CC　d　ae　fr　7i　31　9n　40　4q　rr　4S　gt　12　VX，并有解释说："根据所给的方程式，在任意多变数方程求出流数及其逆运算。"看到这个字谜，莱布尼兹会有怎样的感慨呢？

▶ 提拔后进

荷兰的德尔夫特有一家服装店，店主人雷恩霍克平时除了照料生意外，很少和家人聊天，也不和邻居往来。他只要一有空就拿着磨石，蹲在地上专心地磨玻璃镜片，所以很多人都把他当成疯子看待。

"离他远一点吧，说不定他磨的玻璃就会飞过来呢！"

"是呀，是呀，一个精神有问题的人，常常会干出一些伤人的事。"

人们这样议论着。

但雷恩霍克从来不管他人的看法，每天辛勤地磨制镜片。镜片磨好之后，他便将它装到镜架上，用来观察周围的每一件东西。透过镜片，他发现了一个令他着迷的花花世界。

一天，雷恩霍克突然在房里大声地喊叫起来。他 19 岁的女儿玛丽听到了，连忙跑进房里一看，只见他一面看着镜片，一面兴奋地大喊："啊！看见了，我看见了！"

玛丽感到很奇怪，马上走向前去，问他说："爸爸，你看见什么了？"

"玛丽，你快来看，你看水滴里有东西在动呢！"

玛丽接过来一看，果然看见水中有数不清的东西在蠕动，令人眼花缭乱，不禁好奇地问道："爸爸，这是什么东西呢？看起来怪可怕的。"

"我也不知道这到底是什么东西，不过我敢确定这一定是一种生物。"

雷恩霍克发现这种细微的生物后，便将它们取名为"可怜的小虫"，后来科学家称它们为微生物，而雷恩霍克用来观察微生物的仪器就称为显微镜。

成长关键词
求知、严谨、博学

水中的微生物到底是从哪里来的呢？这个疑问一直在雷恩霍克的脑中盘旋不去。他于是找来一个干净的碗，放在屋外接雨水。经过观察，发现雨水中并没有任何的微生物。虽然如此，雷恩霍克仍不放弃观察。终于在四天后发现雨水中开始有生物游动了。

其他人看到雷恩霍克每天拿着显微镜东瞧西瞧的，都以为他精神不正常，只有一个名叫克拉夫的医生不这么认为。

当雷恩霍克告诉克拉夫医生他的发现时，克拉夫医生高兴地紧紧拉着他的手说："这真是个了不起的发现，你赶快向伦敦皇家科学会提出报告吧！"

雷恩霍克接受了医生的建议，立刻向学会提出了实验结果报告。不久，这位荷兰的服装店主人竟然收到学会的邀请卡，请他出席会议。雷恩霍克一接到学会的邀请，便兴奋地带着他那架显微镜赶往伦敦参加皇家科学会的会议。他在会议中亲自操作显微镜，并说明发现经过，每一位会员看到镜片底下蠕动的微生物，都赞叹不已，异口同声地说："这真是一个伟大的发明！一个伟大的发现！"

当时，许多人都一致赞同推荐雷恩霍克为会员之一，其中最热心的就是牛顿。可是仍然有些人认为只因为发明一架显微镜，就推荐一个商人为皇家科学会会员，这未免太草率了，但牛顿却仍力持己见，一一说服其他人通过议案。他说："科学这种东西，不是立了假说，在纸上谈兵就可以办到的，而是先要了解物质的本体，伽利略发明望远镜，等于是为我们开启极大世界的秘密之门。现在，雷恩霍克发明了显微镜，才使我们能窥知极小的世界。现在，如果不让雷恩霍克先生成为会员，对他个人并没有多大损失，但却是皇家科学会的一大耻辱。"

经过牛顿的努力，雷恩霍克终于成为皇家科学会的会员。皇家科学会一直很希望雷恩霍克在入会后，能将显微镜捐给学会，但他却始终不愿意捐出，一直到1723年临终前，才吩咐他最要好的朋友，将他视为宝贝的显微镜赠给皇家科学会。这时，牛顿正好担任学会的会长，他听到这个消息以后，微笑着说："45年前，雷恩霍克拒绝捐赠显微镜，临终前却做了一件令人敬佩的事。"

▶ 伟大的发现

在与胡克多次的争辩后，牛顿深深觉得，真正的理论或原理是经得起考验的，但最使他觉得伤心的，就是那些因嫉妒、不满而产生的争论。

1676年年初，牛顿为了躲开争吵不休的伦敦皇家学会，决定回到剑桥，专心做他的研究工作。

有一天，牛顿接到胡克写来的信，信上表明他的歉意，并希望恢复两人的友谊，他在信上说：

你上星期在学会的报告，对我似乎有所误解。因为我曾经也有过相同的遭遇，所以我非常了解你的心情。请恕我说话直率，我认为就你现在研究的题目，你是最适当的人选。从前我也曾研究过相同的问题，但因为其他原因而半途作废，我相信我们做这个题目的信念是相同的，都是要发现真理，所以我觉得应该容忍其他不同的意见。我写这封信给你并没有敌意，而是以一种愉快、诚恳的心情，虚心地接受由实验而获得的结论。如果你能给我回信，我将会感到很荣幸，同时，我也会将我的意见告诉你，不知道你的意见如何？

胡克这封信写得很诚恳，牛顿便立刻回了他一封信，两个人的争论终于到此告一段落。

1677年，牛顿的恩师巴罗教授逝世，皇家科学会干事奥丁巴格也在第二年去世了，胡克和克纽博士便被选为干事。胡克继任为干事以后，曾写信给牛顿，希望他能将新近的发现或疑问告知，而且保证绝对不会公开信的内容。牛顿于是立刻写了一封信给胡克，在信中提到他近来的发现：由于地球的自转是由西向东，因此由高处落下的物体是呈螺旋状下坠，而且下落的位置稍微偏东，由这个实验可以证明地球的自转运动。

胡克收到这封信以后，心里非常高兴。他为了证明牛顿的实验，便也亲自做了这项实验，实验后他发现下坠的物体并不会呈螺旋状，而是呈偏心椭圆形。如果遇到阻碍，就会呈偏心椭圆的螺旋，而且落下的地点是偏东南，并不是牛顿说的东方。

胡克发现了这一点以后，一心想要报复败在牛顿手下的耻辱，完全不顾对牛顿的承诺，马上在皇家科学会上公开了牛顿的信，当众指出牛顿的错误。

牛顿知道这件事以后，显得非常狼狈，因为他写信时没有仔细考虑，便随意写下自己的看法，经过胡克的指正以后，才发觉

自己确实太过疏忽，随便就把不成熟的发现告诉他人，才会发生这次事件。他觉得人的世界太过复杂，不是自己所能应付的，于是又专心从事研究工作。

牛顿这时想起那次为了躲避黑死病回家乡时，利用空闲发现引力与距离平方成反比的法则，当时的演算结果和法则不符，现在正好可以再把它拿来研究，说不定可以找出原因来。

经过牛顿仔细核对后，才发现原来演算时，把地球的半径搞错了，得到的结果才会不符合。找出原因以后，牛顿异常地兴奋，他再以正确的地球半径重新演算，结果终于和事实完全一致。这时，牛顿心中的喜悦真是难以形容，他为了确定自己的演算没错，抑制内心的激动，又请他的助手重新计算一次，结果终于证实他的法则无误。

这个发现真是科学界一件大事，但是牛顿的老毛病依然不改。他把这个发现记在笔记本上，就又把它搁到抽屉里，完全没想到要把它发表出来。

▶ 师恩难忘

"一个爱书的人，他必定不会缺少一个忠实的朋友，一个良好的导师，一个可爱的伴侣，一个温婉的安慰者。"这是牛顿十分珍爱的一句名言。这句名言就是他的恩师巴罗教授说的。

巴罗教授去世时只有 47 岁，可谓巨星早陨。他的离世，对牛顿的打击非常大，以致在相当长的一段时间里，牛顿总是暗自神伤。因为是巴罗教授第一个发现并赏识他的才华；是巴罗教授以敏锐的洞察力对他这个后起之秀给予无私的关怀与帮助；是巴罗教授看到牛顿在数学、光学、力学等方面的学识超过自己，毅然让出"卢卡斯数学讲座"之职——世界上最著名的讲座之一给他；是巴罗教授力荐他成为皇家学会会员；是巴罗教授……

回忆自己的老师及老师为自己所做的一切，牛顿的心里充满酸楚。

1675 年年初，辞去了"卢卡斯数学讲座"职位之后，巴罗教授被任命为三一学院院长，牛顿听到这个消息后，和所有关心三一学院的人一样，兴奋极了。

牛顿的老师巴罗教授

巴罗教授上任后，看到三一学院到处弥漫的恶习，下定决心要加以整顿。

巴罗教授是一位虔诚的神学家，他办事认真、工作负责。三一学院最早创立的目的是推行英国国教。在这个学院里有一条规定，就是主修课的研究员在任职的 7 年当中，必须全面学习宗教课程，7 年期满后，要取得神职，成为一名教士，只有这样，才能继续任主修课研究员。

牛顿的 7 年研究员任期就要满了，他一心搞研究、搞实验，根本没有心思去学习宗教。这样一来，他面临着两难的选择：如果不获得神职，他将失去主修课研究员的职位，那样就不会有太多的收入，就不能更多地购买实验用具；如果获得神职，经济可以不饱受困窘，但在科学研究上，就不可以像以前那样自由了。

巴罗教授也感到左右为难。如果他坚持整顿，牛顿不能成为例外；如果牛顿成为例外，那他的整顿就毫无说服力，没有人会信服。巴罗教授知道牛顿的想法，他确实不忍心看到一个一心扑在科学事业上面又才华横溢的青年学者，因为这样的事情而大费脑筋。

成长关键词

求知、严谨、博学

Newton

巴罗教授经常去牛顿的住处，在那里，他看到的是一份几乎未动的晚餐，一杯满满的饮料。一定是他刚刚吃了一口，就想起什么问题，于是放下手里的吐司，埋头于计算中。他看到牛顿惺忪的睡眼和脸上疲惫的面容，他虽然在礼貌地微笑，却掩饰不住因缺少睡眠而导致的失血的苍白。

这也许就是上帝的旨意吧！巴罗教授这么想。

"你准备怎么来解决这件事呢？"巴罗教授问牛顿。

牛顿没有回答，而是保持沉默。

"我看，得想一个折中的办法。"巴罗教授说。

牛顿依然没说话，只是眉头越皱越紧。

几天之后，他给巴罗教授写了一封信：

我不能接受神职。别人也许应该走这条路，但对我来说，我相信，不受教堂正式的约束，我能为上帝服务得更好些。

牛顿的真诚打动了巴罗教授，他决心为这个年轻人破一次例。

他对牛顿说："那好吧，牛顿先生。在学会我们就不提这件事了，我相信我们总会有办法的。"

他一边鼓励牛顿继续他的研究，一边向国王写了一份申请书，并把副本送到有关部门，请求对牛顿这个特殊的人才给予特殊的照顾。

两个月后，国王查理二世在听取了皇家学会的各方面意见之后，果然下了一道赦令，允许牛顿在就任"卢卡斯数学讲座"教授的同时，可以不受神职而保留三一学院主修课研究员的职位。

牛顿的这种待遇在英国大学教授中尚属首例。

牛顿能获得这样的待遇，当然首先要感谢他的恩师巴罗教授。可是，天妒英才，现在，巴罗教授离他而去，使他失去了一个最知心和最关心他的人。

"老师，你在天国安息吧，我会加倍努力的。"牛顿在悲伤中为自己的恩师祈祷。

巴罗教授不仅是一位卓越的科学家，更是一位正直善良、胸襟宽阔的长者，他在人品上、学识上都赢得了后人的敬仰。现在三一学院牛顿雕像之北，就矗立着巴罗教授的雕像。

▶ 重新出发

牛顿自从 1672 年被选为皇家学会会员，到 1684 年为止，这整整 12 年当中，牛顿虽然尽量避免参加不必要的学术研讨和争论，但那些研讨和争论仍然占去他大半的时间。

在那 12 年当中，牛顿除了提出《光与色的本体》论文和变动法的原理及一些数学法则外，几乎没有发表其他的科学研究报告，这位科学界的巨人仿佛被那些争论累垮了。

1684 年 1 月，在一次学术研究会后，胡克、哈雷、雷恩三个人聚在一起聊天。他们闲聊过当时科学界一些有趣的事后，哈雷这位因发现彗星而闻名的年轻学者突然说："我根据开普勒的第三法则，产生了'引力与距离平方成反比'的假说，不知道两位前辈有什么看法？"

胡克和雷恩二人听了之后，都表示同意他的看法。不过，雷恩接着说："如果这个假说没错的话，行星绕着太阳运转，到底会形成什么样的轨道呢？"

胡克便微笑着说："这个问题很简单呀！一切天体的运行，在开普勒的法则中都已经说得很明白了，我也已经证明过了。"

但雷恩知道胡克在学问上态度不够认真，所以并不相信他的话，便转头问哈雷的意见，哈雷说："我虽然曾经做过很多次实

验，但一直不能得到证明。"

雷恩听了以后，便对他们说："这样吧！我愿意拿出 40 先令作为奖励，看谁能在两个月内最早发现行星的轨道，同时还要以数学证明。"

年轻的哈雷听到这些话以后，决心要解决这个问题，但仅靠他一个人的力量是不够的。而大言不惭的胡克在两个月过后，也没有将答案发表出来。

这个问题经过好几个月仍然没有解决。一天，哈雷忽然想起独自在剑桥潜心研究的牛顿，便兼程赶往伦敦去找他，并很谦虚地问："牛顿先生，我由开普勒的法则而得到'引力与距离平方成反比'的假说，不知道你的看法如何？"

牛顿立刻回答说："你这个假说没错，在数学上是可以证明的。"

哈雷听了很高兴，便又接着问："如果这种假说没错，那行星是绕着哪种轨道运行的呢？"

牛顿不假思索地说："椭圆形。"

哈雷非常惊讶，用一双大眼睛直视着牛顿。牛顿接着又说："有关这一点，好几年前我已经以数学方法证明过了，我当时随手就抄在笔记上，现在不知道放到哪里去了。"

哈雷感到非常不可思议：这么伟大的发现，牛顿竟然放了那么多年而不发表，他究竟是个什么样的人呢？

牛顿找遍了所有角落，就是找不到那本笔记本，便请哈雷先回去，自己重新演算后再寄给哈雷。三个月后，牛顿果然践诺。哈雷接到牛顿演算的证明后，觉得这么伟大的发现不公布于世，实在是一件很可惜的事，便决定劝牛顿把它发表出来。

由于哈雷的热心鼓励，牛顿除了在剑桥大学做了"关于运动"的一系列演讲外，还发表了一篇长达 24 页的论文。牛顿的这篇论文，已经从行星的椭圆运动，进展到整个天体的运行。论文一发表，便轰动了整个学术界。

牛顿发表论文以后，哈雷便建议他将研究整理出版，以促进科学的进步。由于前几次的争论而丧失兴趣的牛顿，这时又开始热心于出版的准备工作了。

▶ 不朽的巨著

经过一年零八个月废寝忘食的日子，牛顿终于完成了《自然哲学的数学原理》一书。这本书是用当时学术界的国际语言——拉丁文写成的，全书共分成三大卷。书的内容包罗万象，其中以牛顿的三大运动定律最著名。

什么是牛顿的三大定律呢？

牛顿的第一定律，就是大家最熟悉的惯性定律。他认为物体如果没有受到外来的力量作用，静止中的便永远静止，运动中的也持续运动，而且是保持同样的速度和方向运动。相信大家都有这种经验，当你坐在公共汽车上，车子突然刹车时，你的身体便会往前倾，这就是惯性定律的作用。

第二定律是说当物体受到外来的力量时，它运动量的变化和物体的质量没有关系，而是和外来力量的大小、用力的时间成正比；它变化的方向则和外力的方向相同。例如，打棒球的时候，用的力量越大，打得越远，同时球的方向也会和挥棒的方向相同。

第三定律也就是反作用力定律，这个定律很容易就能了解。比如，你用手打了别人一下，这时候你的手也等于被他打了一

成长关键词 求知、严谨、博学

Newton

下，这是怎么说呢？根据牛顿的说法，认为当一个物体受到外来的力量时，一定会产生一种和外来力量相等、但是方向相反的力量，这就是反作用。

牛顿的三大定律在我们生活中随处可见，如果有兴趣的话，不妨亲自实验一下。只要了解牛顿的三大定律，就能知道宇宙间所有物体的动向。

当牛顿《自然哲学的数学原理》一书出版后，立刻在学术界引起了轩然大波，学者们对牛顿学问之精深相当佩服，把这本书称为前无古人的杰作，认为他是世界上最伟大的天才。被誉为近代数学之父的拉克兰久也曾说过："这真是古今的杰作，人类的伟业。他论旨的精密正确，更是无人能与他相提并论。"

《自然哲学的数学原理》第一卷原稿，在 1686 年 4 月送到了皇家科学会。稿子送到科学会以后的一段时期，牛顿的冲劲与热情似乎开始有点松懈了。

牛顿之所以会松懈下来，一部分是因自 1684 年 12 月整理资料开始，到 1686 年 4 月完成为止，在这段近一年半的时间内，牛顿夜以继日地努力研究，确实感觉有些疲倦。当牛顿将他的著作公开后，不料胡克竟然在学会上诬告牛顿窃用他的理论。牛顿刚开始时还能和他保持友谊，但是，胡克却得寸进尺，要求牛顿在序文中提一提这件事，牛顿这时已忍无可忍，便声言他从没听过胡克的任何学说，两个人因此产生了正面冲突。

牛顿因为这件事而对出书的事感到心灰意冷，便马上写信要哈雷停止第三卷的出版工作，他说："科学家常使科学变成一个鲁莽而且喜好争论的妇人，真令我不敢再接近它了。"

牛顿因这件事而放弃出版，感到最伤心的当然是哈雷了，因为这本书最初决定由皇家学会负责出版，后来由于皇家学会经济拮据，变成由哈雷自己拿钱出版。

哈雷本身的经济并不宽裕，他出资出版这本书，完全是希望大家都能分享到这份成果。于是，当牛顿表示要停止出版时，他马上就赶到剑桥去找了牛顿。

哈雷这种对科学的热忱，深深感动了牛顿，牛顿才又再度提笔，写完第三卷。这部科学界的旷世杰作经过几番波折，终于全部问世了。

▶ 维护学术自由

1685 年 2 月，当牛顿正忙于著作时，当时的国王查理二世突然因脑溢血而逝世了。

查理二世是一位明理又有为的国王。他在位的时候，英国的民主政治才逐渐发达，科学水平也突飞猛进，皇家科学会和格林威治天文台，就是他在位期间创建的。

查理二世去世后，便由他的弟弟詹姆士二世继位。新的国王与他哥哥的性格及作风完全不同，由于他的个性鲁莽、顽固，很不得民心。查理二世临终时，早就料到会有这种情况发生，一直很担心他又会面临逃亡的命运，但他所害怕的事还是无法避免。

詹姆士二世继任王位后，就立刻实施起高压专制政策。人民在他暴戾的统治下纷纷起来反抗，他于是采取强硬的措施，以强大的武力来镇压暴乱。凡是领导暴乱的人一律处死，就是同情暴乱的百姓，也会遭到相同的命运。

詹姆士是一个狂热的天主教徒，他希望政府的文武官员全部由天主教徒担任。他为了实现这个计划，竟然不顾法律的尊严，随自己喜好派任官员。由于他的作为太过分了，反对国王的声浪，除了普遍存在于国会外，也逐渐扩展到贵族当中。

詹姆士不仅干涉国会，甚至想把他的计划延伸到校园中。他首先派了一个叫马塞的天主教徒，出任牛津大学莫特林学院的院长，并将反对这件事的 25 个评议员全部免职。

新任国王的计划在牛津大学遭到反对后，便将矛头指向剑桥大学，命令剑桥大学颁给法兰西斯教士文艺硕士的学位。

法兰西斯是一个天主教教士，除此之外一无可取，剑桥大学评议会为了维护大学的神圣性，断然拒绝了詹姆士的要求，教廷高等法院因此传讯副校长毕基尔。剑桥大学评议会立刻推举了几个代表陪同毕基尔前去应讯，牛顿也被推选为代表之一。

法庭开审时，或许因为气氛森严的关系，毕基尔显得很紧张，他在申述大学的立场时，身体不住地发抖，审判长因此气焰更加高涨。当评议员代表准备发表意见时，审判长大声喝止他们发言，然后当众宣布免除毕基尔副校长的职务。当代表们愤慨地准备退席时，审判长又说："你们该知道《圣经》里的话吧！走你自己该走的路，不要再犯罪，也不要再做坏事。"

牛顿听了义愤填膺，便挺身而出，说服所有的代表们坚持原来的看法——绝不妥协。牛顿利用经皇室批准的大学宪章：凡是取得剑桥硕士学位的人，必须宣誓效忠大学，否则便只能获得荣誉学衔；荣誉学衔无权在理事会任职。牛顿心里清楚，这位法兰西斯神父是不会接受宣誓的，因为他一旦接受了宣誓，效忠大学则不能效忠天主教，这对一个教徒来说，是不可克服的矛盾。

果然，法兰西斯"退却"了。

剑桥大学在毕基尔被免职以后，立刻又选出波特斯顿继任副校长。波特斯顿是一个性情耿直的人，在学术界威望很高。剑桥大学在新任副校长的领导下，始终维护大学的自由与学术尊严。

▶ 吹泡泡的怪人

牛顿自高等法院回来后，便致力于《自然哲学的数学原理》出版工作，这本书终于在 1687 年 6 月正式出版了。由于这是一本探讨力学最完整的论著，所以销路非常好，牛顿的声誉也随之越来越高。

哈雷对自己作为这本书的编辑而感到自豪和满意，他在写给牛顿的信中说：

我总算完成了您的杰作的出版工作，我希望能使您满意……我将用您的名义把书送给皇家学会，波义耳、佩吉特、弗拉姆斯提德以及其他在伦敦您需要致意的人。

《自然哲学的数学原理》出版后，引起了读者的极大兴趣，一时间伦敦洛阳纸贵，人们争相传阅这本旷世奇作。

为了得到这本书，不少人不惜花高价，从别人的手里寻购。有一个苏格兰人，因为没有买到这本书，竟然手抄了一本，当他抄完全书时，仍然陷在这些奇妙的论述中，难以自拔。

牛顿在世时，这本书共出了三版。

出版工作完成以后，牛顿顿时感到轻松多了，便又开始从事他的研究报告。

一个星期六下午，剑桥的一位年轻教授搭着马车，到学校附近的一家小旅馆去度周末，他走进旅馆便向主人打招呼："嗨！好久不见了。明天是星期天，我想在这里度个周末，有没有房间呢？"

旅馆主人马上笑脸迎向他，对他说："房间多得是，随便你要哪一间都可以。不过，有一件事我想告诉你。前些日子这里住进了一个很奇怪的客人，我看他的行为很古怪，好像精神有点不正常。"

"那你怎么还会把房间租给他呢？"

"我看他的行为虽然很奇怪，但他每天不是看书就是沉思，我想他是不会害人的。"

"竟有这样的人，我倒要看一看。"

那个年轻教授听了旅馆主人的话后，心里觉得很好奇，便特地选了一个靠近那个怪人的房间，想要看个究竟。

第二天是个万里无云的好日子。那位年轻教授一觉醒来时，发现太阳早已升得高高的，便立刻打开窗户往外一看，果然看见院子里有一个男子正用一根细管子蘸着盆子里的肥皂水吹泡泡。他再仔细看了那个人的脸以后，才发现这个吹泡泡的男子并不是疯子，而是大科学家牛顿。

"牛顿先生，你怎么会在这里？"年轻教授冲着楼下喊。

牛顿回过头来，看了他半天，才回答说："我在工作。"说完，又继续吹泡泡去了。

年轻教授不敢再打扰牛顿，而是轻轻地关上了窗子。

后来，旅馆的主人问起他时，他笑着说："他确实是一个怪人，而且是一个认真的怪人。"

"你把我说糊涂了。"

"告诉你吧，他就是大名鼎鼎的牛顿！我敢发誓，他一定又有什么新发现了。"

"什么？！"旅馆的主人惊讶地瞪大了眼睛。

牛顿在院子里吹泡泡并不是为了好玩，也不是精神异常，而是正在从事一项有关光的实验。他因为有次在无意中，发现泡泡在阳光的照耀下，竟然会产生美丽的环纹，于是决定要研究出它的原理。

他不仅使用白色的光，也用其他特别颜色的光来做实验。实验后，他发现光透过透明的薄膜时，会产生一圈圈往外扩展的五彩环纹，环纹与环纹间是以黑色隔开的。这些环纹还会依光谱的顺序排列，至于环纹的大小则因颜色不同而有差异。

经过无数次艰难的实验，牛顿终于成功地用数学公式表明环色与薄膜厚度的关系，这就是著名的"牛顿环"。

"牛顿环"虽然是一个很重要的发现，但因为他所采用的理论不正确，所以反而将光学导入了歧途，使光学在牛顿生前几乎处于停顿的状态，这实在是一件很可惜的事。

成长关键词

求知、严谨、博学

▶ 久等了， 葡萄酒

1688 年的冬季，牛顿有一天请了几位剑桥大学的教授到家里来做客。

黄昏时分，仆人进来通报说客人已经都来了，牛顿便立刻迎了出来，和客人们闲聊近来的局势，其中有一位客人说："詹姆士二世真是罪有应得，简直不把人民当人看待，真是太可恶了！不过，如果不是今年春天王后生了个王子，我想人们大概还可以忍耐下去，不会把他赶出英国吧！因为只要詹姆士二世一死，嫁给奥伦治公威廉的玛丽公主就可以回来继任王位了。"

另外一个接着说："说得也是，听说那七个被国王关在伦敦塔的无辜教士宣告无罪的当天，一些政治界的重要人士就举行了一个秘密集会，决定派密使将签署的文件带到荷兰去，要迎接威廉

王及玛丽公主回国。

"威廉王一接到信，便立刻带兵前往英国，沿途都有百姓列队欢迎他。詹姆士二世看情势不对，便立刻逃往法国了。詹姆士二世逃走就等于自行退位，威廉王与玛丽公主也因此能这么顺利即位。"

大家你一言我一语地谈着，饭菜也已经准备好了，牛顿便领大家到饭厅里去用餐。

在餐桌上，大家谈得非常愉快，牛顿当时兴致正高，突然站起来说："各位，我忽然想到我有一瓶上好的葡萄酒，我这就去拿，大家先慢慢用餐吧！"

牛顿说完，便转身到地窖里去拿酒，客人们仍继续一面用餐一面谈笑。

过了好一会儿，客人都已经吃得差不多了，却还不见牛顿把酒拿来，其中一位客人便好奇地到地窖去瞧个究竟。他走进地窖，发现牛顿一手拿着一瓶酒，一手正起劲地在桌上写字。原来牛顿拿酒时，突然想到一个重要的心得，便拿起笔赶快写下来，没想到竟忘了客人还等着他拿酒来呢！

"牛顿先生，你在干什么呢？"朋友问。

"哦，我在工作。"牛顿头也不抬地回答道。

"你的葡萄酒呢？"

"葡萄酒？我好像已经吃过饭了。"

牛顿就是这样一个专注研究的人。

新王威廉即位后，立刻于 1689 年 1 月召开新的国会。由于牛顿为维护学术的自由与尊严所表现出的直言之勇深为剑桥大学评议委员们所钦佩，于是推荐牛顿为国会议员。

但是，牛顿在这一年的议员生活中，过得并不愉快。他原本是一位以研究为生活重心的科学家，如今要他离开实验室，整天为开会及接待客人而忙碌，实在是一件很痛苦的事。

由于牛顿对政治没有丝毫的兴趣，所以在担任议员的一年当中几乎都保持沉默，从来不曾在议会中发表任何演说，他仅仅说过一句话："守卫长，风太大了，麻烦您将窗户关起来。"

牛顿虽然在议会中没有发表过任何言论，但他所代表的自由与民权的斗士，仍是一股巨大的力量。文豪马可列就曾说过："在默默无声的议员中，艾萨克·牛顿他那突出的额头和沉痛的表情，表现了维护学术自由与宗教自由的强硬态度。"

牛顿在当了国会议员后，生活还是非常穷困，剑桥大学的教授们都很同情他的处境，都为他奔走。但经过种种的努力，仍无法替牛顿找到好的职位。生活的困窘，无情地打击着这位杰出的科学家。

这时，还有件更令牛顿伤心的事，就是他的母亲患了重病。牛顿的母亲为了照顾染上热病的弟弟，自己却不幸被传染，卧病在床。

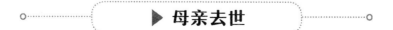

▶ 母亲去世

从小就失去父亲的牛顿，自从离开母亲到剑桥后，虽专心于科学研究，却仍时时刻刻想念母亲，时常抽空回沃尔索普，去探望她老人家。

现在，他知道母亲病重，便立刻抛开一切工作，连夜赶回家里。

母亲已经 81 岁了，她躺在床上，看见风尘仆仆赶回来的儿子，泪水簌簌地落下。

她轻轻地叫着儿子的名字："艾萨克，艾萨克……"

牛顿扑在母亲的床前，强忍眼泪，尽力地安慰这个风烛残年的老人。

"妈妈，你不要伤心，你不会有事的。我告诉你，妈妈，儿子没有让你失望，儿子已经做出成绩来了。"

母亲拉着牛顿的手，努力地颤动着嘴角，挤出一丝微笑。她说："亲爱的孩子，你知道吗？丝多雷又离婚了。"

牛顿点了点头。

母亲说："你去看看她吧，也许你们是可以生活在一起的。"

牛顿把头深深地埋在母亲的怀里。

母亲抚摸着他的头，眼前浮现出儿子小时候的种种模样。儿子从小就孤单，长大了仍然孤单，她对他实在不放心。

还有，牛顿的弟弟妹妹们，也是她无限的牵挂。她希望牛顿在照顾好自己的同时，也要关心他的弟弟妹妹们，不要让他们受冻挨饿。

听着母亲临终前的嘱托，牛顿一一点头答应着。

这一天晚上，母亲最终合闭了双眼。

牛顿回伦敦后不久，那个被称为"自由的国会"便解散了，牛顿这时终于摆脱了那些烦人的会议，又重回到实验室里，继续他还没完成的光学研究工作。

由于丧母的悲伤，牛顿精神恍惚。

一天早晨，他到剑桥大学礼拜堂去做礼拜时，忘了熄灭蜡烛，结果，蜡烛被风吹倒，把摆在桌子上的关于光学和化学的论文全烧掉了。

他回到房间时，满屋翻飞的都是灰烬，一些没有被烧净的稿纸在微风的吹拂下，有气无力地扇动着，好像还没有从噩梦中醒来，正做着最后的努力和挣扎。

牛顿呆愣在了那里。

房子完好，可是，他半生的心血都被烧光了。

《光学》是牛顿一生中仅次于《自然哲学的数学原理》的最重要的一部著作，从 1672 年开始写，一直写到今天。由于种种原因，没有把它出版，遗憾的是一场大火使其化为乌有。

牛顿懊恼极了，在一个月的时间里，他昼夜不停，开始重新创作《光学》，至于另外一本著作《化学》，则没有精力去管它了。

根据专家的考证，1692 年因火烧毁的《化学》手稿，也是一部科学巨著，如果可以保存下来的话，那么，在牛顿的头衔里，还会有一个"化学家"的称号。

名人名言·理想

1. 一种理想，就是一种力量！

——［法］罗曼·罗兰

2. 一个人的理想越崇高，生活越纯洁。

——［英］伏尼契

3. 人的活动如果没有理想的鼓舞，就会变得空虚而渺小。

——［俄］车尔尼雪夫斯基

4. 当大自然剥夺了人类用四肢爬行的能力时，又给了他一根拐杖，这就是理想！

——［苏联］高尔基

5. 凡配称为理想的事物，就必然带有善美的本质。

——［英］简·奥斯汀

6. 理想如星辰——我们永不能触到，但我们可以像航海者一样，借星光的位置而航行。

——［美］舒尔茨

7. 人需要理想，但是需要人的符合自然的理想，而不是超自然的理想。

——［苏联］列宁

8. 那些有理想的人的生活才充满意义。

——［苏联］斯大林

9. 让你的理想高于你的才干，你的今天才有可能超过昨天，你的明天才有可能超过今天。

——［黎巴嫩］纪伯伦

10. 如果能追随理想而生活，本着正直自由的精神、勇往直前的毅力、诚实不自欺的思想而行，则定能臻于至美至善的境地。

——［法］居里夫人

Newton

晚年生活

一个伟大的灵魂，会强化思想和生命。

——［美］爱默生

▶ 精神失常

着火事件对牛顿的打击，加上母亲去世后久久无法愈合的伤痛，牛顿的精神终于彻底崩溃了。

他有很长一段时间都无法好好地睡一觉，即使吃东西时，也是食不知味。平时一向温和、沉静的牛顿，变得经常心神不宁，有时为了一点芝麻小事也会暴跳如雷，这种情形一直持续了两年时间。

有一天，牛顿的朋友贝比兹突然接到他的一封信，信上写着：

一天，米理顿拿你的信来，要我下次到伦敦时，一定要去看看你。我虽然告诉他，我目前还没有办法去看你，但他不管我怎么说，还是一定要我去，逼不得已，我只好答应了他的请求。现在，我想向你坦白，最近一年来，我因为被一些不相干的事情困扰，害得我睡眠和饮食都很不正常，精神也变得很不好。因此，我不想去看你或其他的任何朋友，我只想一个人安静地生活，我希望你能体谅我，好吗？

贝比兹接到这封信后，觉得有点莫名其妙，心里突然有些不安。因为他记得并没有在给米理顿的信中提到这件事，于是决定立刻去找米理顿问个明白。

米理顿知道这件事后，也觉得一头雾水，因为他最近根本没去找过牛顿，更没有拿信给牛顿看。贝比兹觉得事情有点不对，说："该不会是牛顿在跟我们开玩笑吧！还是因为最近发生的几件事，使得他头脑有点问题呢？"

米理顿急于想知道答案，便立刻赶往剑桥去探望牛顿了。米理顿赶到剑桥，看到牛顿脸色发青，精神有些恍惚，但还没有失去理智，于是问他怎么会写那封信给贝比兹。

牛顿不好意思地搔着头说："关于这件事，我实在是非常抱歉，因为我前些日子生活不太正常，精神有点失常，我也不知道为什么会写那些话，实在是非常不好意思，可不可以请你代我向贝比兹道歉呢？"

米理顿听他这么说，放心了不少，但还是关心地问："你最近觉得怎样呢？精神有没有好起来？"

"米理顿，谢谢你的关心，我想只要再多休息一阵子，大概就没有问题了，你还是回去吧！"

由于牛顿一再保证，米理顿才依依不舍地回去。

就在牛顿写信给贝比兹后不久，哲学家洛克也收到牛顿一封奇怪的信，信上的笔迹完全不像他平常的样子，显得非常潦草；语气也不像他平时般温文儒雅，完全是尖酸刻薄的谩骂。

洛克心想牛顿一定是发生什么事情了，于是写了一封充满关怀的信给他，牛顿收到信后，立刻回信说：

去年冬天，因为我常喜欢坐在炉边打盹儿，养成了爱打瞌睡的坏习惯。没想到，今年夏天我的健康情形愈来愈坏，神经也有些衰弱，而且情况越来越糟。最近两个星期，我每天晚上都睡不到一个小时，精神简直是坏透了，上次我在信里写了些什么，我一点也记不起来了，如果说了些什么不该说的话，就请你多多包涵了。

牛顿精神失常的消息，后来竟然也传到国外去了，最后大家都谣传他已经发疯了。

当这个消息传回英国时，皇家科学会还特地澄清了这件事，但事实上牛顿这时已经完全康复了。

从 1691 年到 1693 年，这整整两年当中，他一直深为失眠症
所苦恼，这是牛顿一生中最黑暗的一页。

▶ 观测天文

牛顿在患有严重的神经衰弱症时，却还从事有关月亮的研究。
牛顿为了证实万有引力定律的方程式，就必须要实地观测月亮。
当时能够观察月亮的，就只有格林威治天文台一个地方。

格林威治天文台是查理二世时候建造的，设计者是弗拉姆斯
提德，建造完成后便由他担任台长。天文台完工后，政府便停止
继续拨款，甚至连薪水也经常拖欠。弗拉姆斯提德为了添置台内
的器具，不得不另外兼任家庭教师及牧师的工作，以增加收
入，并且还以私人的名义到处争取捐款。

因为天文台的设备、仪器都是弗拉
姆斯提德一个人辛苦工作添置的，所以
天文台似乎成为他的私有财产，任何学
者或学会都无权要求他提供观测结果。

幸好，牛顿是弗拉姆斯提德的老朋
友，所以当牛顿请求他寄给自己观测资
料时，他便很高兴地寄给了牛顿，并且
答应供应牛顿研究上所需要的观测资
料。不过，他要求牛顿不可将天文台的
观测资料透露给别人，而且据观测资料
得到的理论也只能让他一个人知道。

弗拉姆斯提德

牛顿为了感激弗拉姆斯提德的帮忙，特别赠送他了一份屈折表，这是牛顿非常重要的发现，也是天文学者所必须具备的工具。

牛顿与弗拉姆斯提德的合作一直都很愉快，但后来因为牛顿急于想早日证实他的理论，频频催促弗拉姆斯提德寄给他资料，弗拉姆斯提德渐渐觉得心力交瘁，但仍对牛顿的理论评价极高。在他给牛顿的信上说：

我的工作就像收集金砂的人，而您却将它淘洗成纯金，而且更进一步加工，使它变成精美、实用的成品。假如没有您的巧思运用，我的工作就可能变得毫无价值。

他们两人合作很长一段时间之后，弗拉姆斯提德因为辛劳过度，身体健康情况变得很糟，患了很严重的头痛症及胆结石。

长期为精神衰弱所苦的牛顿知道这件事后，对他极表同情。

弗拉姆斯提德知道牛顿这么关心自己的身体，心里非常感动，但仍无法将近期的观测资料寄给牛顿。身体不适，当然是原因之一，但最重要的是因为他一直很不喜欢哈雷这个人，他害怕自己会成为牛顿和哈雷的工具。

由于弗拉姆斯提德不再供应月球的观测资料，牛顿的研究工作只得暂时搁下。

1695年9月，牛顿写了一封信给弗拉姆斯提德说：

最近，哈雷为了研究彗星轨道问题到这儿来找我，他根据我研究的理论推算，发现他于1683年算出来的彗星轨道，和你的观测结果刚好相同，真是非常感激你提供的资料。前些日子我从家乡回来，最近还想再出外旅游一趟，恐怕一时也没有时间研究有关月球的问

英国天文学家哈雷

题，你刚好可以趁这个机会，好好休养身体。

这是牛顿给弗拉姆斯提德的最后一封信，从此两人就没有书信来往了。

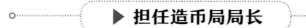

▶ 担任造币局局长

1696 年 3 月，财政大臣蒙德克——牛顿大学时代的好朋友，忽然写了封信给牛顿，信中提到一件令牛顿非常高兴的事：

由于造币局监督奥巴特里先生调任海关税务委员会委员，原来的职位因此空缺。前一阵子国王向我表示，要请你继任造币局监督，不知你觉得如何？我认为这职位很适合你，而且这是一个仅次于局长的职位，年薪约为五六百镑，这里的工作不会太繁忙，所以不会占用你多少时间。请尽快来伦敦，一切必要的手续我会替你办。

英国伊丽莎白女王时代实行金银本位制以来，因为银币是用品质粗劣的合金制成，所以常常被伪造，以致银币价值一落千丈，物价飞涨，人民生活困苦不堪，对国外的信用也丧失殆尽。

在这种情形下，国会通过了铸造新银币来代替旧银币的提案。于是，货币改造问题，就成为英国的重大问题之一，而蒙德克为表现他的才干，便委托牛顿担负这一重大责任。

牛顿在了解铸造银币的过程后，便开始研究新的铸造方法。对他来说，这是一件相当辛苦的事情，三十几年来，牛顿一直在讲堂和研究室为科学真理而奔忙。现在，面对陌生的政府行政工作，他感觉有点不太习惯。

但牛顿的个性是不管哪一件事，只要他负起责来，就一定要切实做好，否则心里会很过意不去。

不久，牛顿想出了一个新的铸造方法。他把旧币放进炉中熔化后，再以预先铸好的银币模子铸造钱币。这样一来，银币的形状、大小、重量等就统一了。

由于这种铸造方法，银币不容易再被伪造，英国的经济因此逐渐地好转起来。但是，政府反对党不愿看到对他们不利的事情发生，于是倾力迫使牛顿离开造币局。他们虽然用尽各种威逼利诱的方法，但还是无法迫使牛顿离开。

货币改铸工作，在牛顿日夜不懈的努力下，终于在 1699 年顺利完成，牛顿也因功绩显著，由监督升为造币局长。

1697 年，牛顿到伦敦时，就住在嘉明街。当他升任为局长后，仍然住在这幢他当监督时住的房子。

牛顿升任局长后免不了会有一些应酬，但牛顿生性不喜欢喧闹的场合，正好他的外甥女嘉德琳的父亲刚刚去世，于是，便将她接到伦敦来和他同住了。

嘉德琳是牛顿妹妹哈娜的女儿，牛顿一直都很疼爱她。嘉德琳这时才 17 岁，出落得亭亭玉立，是一个聪明且口齿伶俐的少女，非常善于交际应酬。一向厌恶交际应酬的牛顿有了嘉德琳的帮助，从此大可放心地做他想做的事情了。

"嘉德琳，你知道吗？你的到来真的帮了我大忙呢！"牛顿往往这样对他的外甥女说。嘉德琳确实是一个能干的女孩，她除了帮助牛顿处理家事，还帮助招待牛顿的朋友。由于她的风度、幽默，使得在场的宾客都能感受到愉快的气氛，因此赢得了不少人的称赞。

虽然嘉德琳常在牛顿家招待客人，但这些对牛顿却没有丝毫的影响。当嘉德琳与宾客畅谈品酒时，牛顿却独自躲在书房里埋头做研究工作。

因此，在嘉明街的牛顿家中，有着两种截然不同的生活。一种是以外甥女嘉德琳为中心，过着豪华、热闹的生活；一种是牛顿独自一人躲在安静的书房里，埋头科学研究的朴素生活。

牛顿自从进入造币局工作后，由于工作较忙，加上年纪也已经大了，便决定辞掉"卢卡斯数学讲座"的职位，继而由天文学家威廉·霍士顿接任这份工作。表面上虽然离开了科学的前线，但牛顿卓越的贡献仍难掩盖。

1696 年 6 月，闻名的数学家本里在报上提出两个问题，公开向全世界的数学家挑战，限定在 6 个月内答复。

莱布尼兹在限期内首先正确地解答了第一个问题，对于第二个问题，他要求延长一年再做答复。本里同意之后，仍然在报上刊登了那两个问题。

这则消息连续在报上刊登了半年多后，有一天牛顿回到家中，他的仆人便将本里登在报上公开挑战的消息拿给他看。牛顿看完这则消息之后，便拿着报纸走进了书房里。

第二天一早，牛顿就把这两个问题都解决了，他立刻将答案封好，交由仆人寄给了本里。

1699 年，牛顿根据新的科学方法，拟定了一种革命性的修正历书的方法：根据这种方法可推算春分、秋分、夏至和冬至的日期。

1700 年，牛顿又发明了六分仪，并将它的原理告诉了哈雷。六分仪是航海与测量上不可缺少的工具，但没有人能了解它的价值，因此在当时并不受重视，直到 1730 年牛顿死后，才由约翰·哈特勒重新发明。

1701 年，牛顿发表了一篇有关温度的论文，就是所谓的"牛顿冷冻法则"，这个法则不但在物理学上的贡献很大，对冶金学也非常重要。

由于牛顿在科学上的非凡贡献，1703 年 11 月，他终于升任为皇家科学会会长，这不啻是跃登科学界的王座。

1702 年，威廉国王逝世后，便由詹姆士二世的次女安妮继任了王位。

安妮女王的丈夫乔治公爵对科学相当有兴趣，所以在牛顿担任皇家学会会长的第二个年头——1705 年，乔治公爵便加入了该会。

安妮女王非常钦佩牛顿在科学研究上的伟大贡献，于是在 1705 年 4 月 16 日，授予牛顿爵士爵位，牛顿便成为英国史上第一位被封为爵士的科学家。

牛顿虽然得到英国史上最高的荣誉，但他生性淡泊名利，从不因为拥有如此崇高的成就而骄傲。相反，他比以前更谦虚、宽厚，更乐于助人。

这位身兼二职的科学家在忙碌的公务生涯中，仍然对科学的研究工作抱着满腔热情。在这期间，他致力于科学的研究和著作出版，共出版了《分析学》及《光学》第二版等书。

▶ 伟人逝去

1722 年，牛顿已经是个 80 岁高龄的老人了，一向身体很健康的他，如今也渐渐呈现衰老的迹象，不仅患有胆石症，还得了严重的糖尿病。米多博士很关心他的身体，劝他要小心调养，并停止一切应酬。

牛顿的重要著作《自然哲学的数学原理》第三辑，就在这种病痛缠身的情形下出版了。一位荷兰纳尔登的年轻外科医生宾巴东在偶然的机会里看到这本书后深受感动，越读越发觉它的伟大与深远。

后来，宾巴东写了一篇有关莱布尼兹"落体力学说"的论文，牛顿看后颇为赏识，特地跑到宾巴东的住处拜访那默默无闻的青年。从此以后，两个人便经常见面，宾巴东更成为牛顿的好帮手。宾巴东后来回忆当时的情形，曾说："牛顿那时的记忆力已明显地减退，但对他著作的理解力仍然不错。关于这一点，正好和人们传说的相反。牛顿这时虽然是一位闻名全球的科学家，他却丝毫没有顽固与自大的样子。"

1724 年 8 月，医生从牛顿身上取出豆粒般大的胆结石后，他的痛苦一下子减轻了不少，身体也好了许多。但好景不长，1725年年初，他却又染上了肺病及风湿病，牛顿只好接受医生的劝告移居到近郊的肯辛顿。

牛顿在肯辛顿过着悠闲的生活，每天呼吸着新鲜的空气，病情渐渐有了好转。

一个风和日丽的春天，牛顿的老友来拜访他时，发现牛顿正要男仆在墙角下的一个圆洞旁，另外再凿一个小洞。这个朋友觉得很奇怪，便问他："你钻这么多个洞做什么呢?"

牛顿很认真地回答说："我养了一只小猫，它常喜欢跑到房间里头来，我看它老够不到门把，怪可怜的，所以我特地帮它开了个洞。最近它生了只可爱的小猫咪，另外那个小洞就是要给小猫咪走的。"

他的朋友听完他的话，笑得前俯后仰，过了好一会儿，才止住笑说："你真是越老越糊涂了，大的洞大猫可以走过去，小猫咪当然也可以自由进出呀!"

牛顿这才恍然大悟，原来牛顿这时满脑子想着：两种东西不能同时占有同一个空间，才会认为大猫和小猫不能共用一个洞呢！"

牛顿在肯辛顿休养了一阵子后，身体已逐渐复原了。1727年，他又回到伦敦来，3月2日时还主持皇家学会会议，会后仍神采奕奕地与客人们聊天。

没想到，第二天他竟然旧病复发，病情急转直下。当米多博士和金田博士来看他的时候，牛顿的病情已到了无法挽救的地步。

病情就这样一直持续下去，3月15日，疼痛出乎意料地减轻了许多。18日早晨，牛顿已经能坐在床上阅读报纸，并和米多博士交谈了很久，精神显得很好。

但是，当天晚上牛顿神志又变得很不清楚，勉强拖延了几天，终于在3月31日凌晨与世长辞，享年85岁。

牛顿死后遗体被葬在西敏寺，那里是英国埋葬有丰功伟业的伟大英雄的地方。

牛顿虽然在科学上有伟大的成就，又享有历史上崇高的荣誉，但他从未因此自满或骄傲，他曾谦卑地自我反省说："我不知道世人用什么眼光看我，我只觉得自己像个在海滩上戏水的孩子，偶尔捡到一颗比较光滑美丽的贝壳，就会高兴地大喊大叫。我不知道的真理，就像那浩瀚的大海一般……"

牛顿传

名人名言·独立

1. 能者非他，能自树立，不因循者是也。

—— 〔唐〕韩愈

2. 人不自立，则惟有无耻而已。

—— 〔清〕康有为

3. 有勇气做真正的自己，单独屹立，不要想做别人。

——林语堂

4. 滴自己的汗，吃自己的饭。自己的事情自己干，靠人靠天靠祖上，不算是好汉。

——陶行知

5. 独立思考能力是科学研究和创造发明的一项必备才能。在历史上任何一个较重要的科学上的创造和发明，都是和创造发明者的独立地深入地看问题的方法分不开的。

——华罗庚

6. 任何人都应该有自尊心、自信心、独立性，不然就是奴才。但自尊不是轻人，自信不是自满，独立不是孤立。

——徐特立

7. 学者自立之志，当拔出流俗，不可泛泛与世浮沉。

——汤斌

8. 把自己的命运交给别人，甚至交给一两个人，自己一点也不动脑筋，只是相信别人，那太危险了。

——巴金

第七章 晚年生活

名人年谱

牛顿

1643 年 1 月 4 日，出生于林肯郡沃尔索普村。

1655 年，入金格斯中学学习。

1661 年 6 月 15 日，入剑桥大学三一学院学习。

1665 年，发现二项式定理。

1665—1666 年，因鼠疫流行回到家乡，对光学、力学、数学有多方面的研究和突破。

1668 年，制成反射望远镜。

1669 年，著《运用无限多项方程的分析》，任"卢卡斯数学讲座"教授。

1670—1671 年，研制出反射望远镜。

1671 年，著《级数和流数方法论著》。

1672 年 1 月，当选为皇家学会会员，宣读《关于光和颜色的理论》的论文。

1684 年，会见哈雷，证明引力平方反比定律。

1686—1687 年，著《自然哲学的数学原理》。

1701 年，被选为代表剑桥大学的英国下议院议员。

1704 年，牛顿发表《三次曲线枚举》《利用无穷级数求曲线的面积和长度》《流数法》，同时有关光的研究的著作《光学》第二版出版。

成长关键词

求知、严谨、博学

1705 年，被安妮女王封为爵士。他是第一位获此殊荣的科学家。

1711 年，发表《使用级数、流数等等的分析》。

1716 年，发表《流数法和无穷级数》。

1727 年 3 月 31 日，牛顿爵士逝世，享年 85 岁。